U0367291

漢 来华留学教育
新标准汉语丛书

# 来华留学生
# 通识阅读

主　编◎马彬彬
副主编◎胡花尼　王英强　李沁怡

上海交通大学 出版社
SHANGHAI JIAO TONG UNIVERSITY PRESS

**内容提要**

    本书以习近平新时代中国特色社会主义思想为指导,涵盖中国历史地理、文学艺术、科技教育、医药体育、外交成就、特色地域文化等内容,力求全面、系统、客观反映中国厚重的历史文化底蕴和当代中国国情,以此书的编纂使用为契机,讲好中国故事,传播好中国声音。全书在系统全面的基础上,尽量做到简明概括、通俗易懂,方便学生自主学习,力图让来华留学生在增进对中国的了解过程中,提高汉语读写听说能力,提升汉语交际能力。

**图书在版编目(CIP)数据**

    来华留学生通识阅读 / 马彬彬主编. -- 上海 ：上海交通大学出版社, 2025. 4. -- ISBN 978-7-313-28773-1

    Ⅰ. H195.4

    中国国家版本馆 CIP 数据核字第 20246718G6 号

**来华留学生通识阅读**

LAIHUA LIUXUESHENG TONGSHI YUEDU

| | |
|---|---|
| 主　　编：马彬彬 | |
| 出版发行：上海交通大学出版社 | 地　　址：上海市番禺路 951 号 |
| 邮政编码：200030 | 电　　话：021‑64071208 |
| 印　　制：上海景条印刷有限公司 | 经　　销：全国新华书店 |
| 开　　本：787 mm×1092 mm　1/16 | 印　　张：8.75 |
| 字　　数：149 千字 | |
| 版　　次：2025 年 4 月第 1 版 | 印　　次：2025 年 4 月第 1 次印刷 |
| 书　　号：ISBN 978‑7‑313‑28773‑1 | |
| 定　　价：39.00 元 | |

# 前言
## FOREWORD

中国是一个位于亚洲东部,有着五千多年文明历史的国家。在这 960 多万平方千米的广袤大地上生活着 56 个民族,14 亿多人民像石榴籽一样紧紧抱在一起。五星红旗是中国的国旗,义勇军进行曲是中国的国歌;国家实行人民民主专政的国体,人民代表大会制度的政体;坚持和完善中国共产党领导的多党合作和政治协商制度、民族区域自治制度;不断完善基层群众自治制度,实现全过程人民民主;以中国式现代化推动强国建设,民族复兴。

随着中国日益走近世界舞台中央,中国自信自立、胸怀天下、开放包容的国际形象在世界上逐渐树立起来,中国智慧、中国方案、中国力量和中华文化的魅力,吸引着全世界大批优秀学子来华学习。习近平总书记在党的二十大报告中指出,要讲好中国故事、传播好中国声音,展现可信、可爱、可敬的中国形象。同时,习近平总书记也在多个场合鼓励来华留学生多到中国各地走走看看,更加深入地了解真实的中国,多向世界讲述他们所看到的中国。本书编写的初衷就是以浅显易懂的语言、与时俱进的内容、文明交流互鉴的底色,让来华留学生更深入地了解今天的中国;也希望使用这本教材的教师通过课堂"教与学"的天然视角,主动构建文化交流的场域,引导来华留学生跨越文化的沟壑,客观认识、评价中国,以自身的经历和感悟架起中外友好的桥梁,共同推进世界的发展与进步。

本书从我国的地理环境与自然资源、历史发展进程、人口、民族和语言文字、哲学思想与宗教文化、经济发展状况、科技发展、教育发展等多个层面全面、系统、客观地向留学生介绍中国国情和广西区情。各章节编者如下：第一章编者为景碧锋、王英强，第二章编者为王英强，第三章编者为胡花尼，第四章编者为王英强，第五章编者为万伟业、马彬彬，第六章编者为莫文生，第七章编者为王英强、李沁怡，第八章编者为李沁怡、孟凡淇，第九章编者为邓娟，第十章编者为樊锐，附录部分编者为王英强、景碧锋。

本书可以作为来华留学生中国概况类课程教材，也可作为具有中高级汉语水平的国际友人了解中国、认知中国的普通读物。

本书在编写过程中深受王顺洪、宁继明、程爱民等前辈所编"中国概况"教材的启发，在此表示诚挚的感谢！本书获得桂林理工大学2023年校级规划建设教材重点立项支持。

囿于编者学识水平，书中可能存在疏漏之处，敬请广大读者批评指正！

# 目录
CONTENTS

# 第一章　中国的地理环境

中国是一个国土面积广阔、地形复杂、气候多样的国家。中国拥有丰富的自然资源和多样的地形地貌,伴随着丰富的生物多样性,还拥有众多河流和湖泊,对农业、工业和文化发展有着深远的影响。在这片广袤的大地上,生活着 14 亿多中华儿女。中国的地理环境为五千年灿烂文明的繁荣发展提供了得天独厚的条件。

## 第一节　中国的地理位置

中国位于亚洲大陆东部,太平洋西岸,北起黑龙江省漠河以北的黑龙江主航道中心线,南到南沙群岛的曾母暗沙,西起帕米尔高原,东至黑龙江、乌苏里江汇合处。陆地总面积约 960 万平方千米,海域总面积 473 万平方千米。

中国陆地边界长达 2.2 万千米,同 14 国接壤,与 6 国隔海相望。

中国大陆海岸线,北起辽宁鸭绿江口,南达广西的北仑河口,全长 1.8 万多千米。领海由渤海(内海)和黄海、东海、南海三大边海组成。

南海的海底是一个巨大的海盆,海盆的山岭露出海面就是中国的东沙、西沙、中沙、南沙群岛,这些海底山岭是中国大陆架的自然延伸。南海总面积 350 万平方千米。

---

**知识链接**

中国陆上毗邻 14 国:朝鲜、蒙古、俄罗斯、哈萨克斯坦、吉尔吉斯斯坦、塔吉克斯坦、阿富汗、巴基斯坦、印度、尼泊尔、不丹、缅甸、老挝和越南。

中国海上相邻的 8 国:朝鲜、韩国、日本、菲律宾、文莱、马来西亚、印度尼西亚和越南。其中,朝鲜和越南既是中国的陆上邻国,又是海上邻国。

# 第二节　中国的行政区划

目前,中国共有34个省级行政区(包括23个省、5个自治区、4个直辖市、2个特别行政区),北京是中国的首都。

**23个省:**吉林省、辽宁省、黑龙江省、河北省、河南省、山东省、山西省、陕西省、甘肃省、青海省、安徽省、江苏省、浙江省、江西省、湖北省、湖南省、四川省、贵州省、云南省、福建省、广东省、海南省、台湾省

**5个自治区:**内蒙古自治区、广西壮族自治区、西藏自治区、宁夏回族自治区、新疆维吾尔自治区

**4个直辖市:**北京、上海、天津、重庆

**2个特别行政区:**香港特别行政区、澳门特别行政区

按照地理位置来划分,中国的34个省级行政单位被分为七大地理分区,由北往南、由东往西依次是:东北地区、华北地区、华中地区、华南地区、华东地区、西北地区、西南地区。

## 一、东北地区

东北地区包括黑龙江省、吉林省、辽宁省和内蒙古自治区东部,简称分别为黑、吉、辽、蒙。东北地区坐拥中国最大的平原——东北平原,是中国重要的粮食、大豆、畜牧业生产基地,也是中国重要的钢铁、机械、能源、化工基地。

区域内著名景点有漠河北极村、五大连池、长白山、沈阳故宫等。

## 二、华北地区

华北地区包括北京市、天津市、河北省、山西省和内蒙古自治区,简称分别是京、津、冀、晋、蒙。华北地区主要为温带季风气候,夏季高温多雨,冬季寒冷干燥,其土壤皆为河流冲积黄色旱作类型,是中国小麦的主产区。

区域内著名景点有故宫、颐和园、八达岭长城、成吉思汗陵、承德避暑山庄、山海关、五台山、云冈石窟等。

### 三、华中地区

华中地区包括河南省、湖北省和湖南省,简称分别为豫、鄂、湘。华中地区农业资源丰富,工业基础雄厚,水陆交通便利,是中国交通枢纽地区。

区域内的著名景点有嵩山少林寺、龙门石窟、黄鹤楼、神农架、张家界、衡山等。

### 四、华南地区

华南地区包括广东省、广西壮族自治区、海南省(含南海诸岛)、香港特别行政区、澳门特别行政区。简称分别是粤、桂、琼、港、澳。华南地区有着"插支筷子能发芽"的热带、亚热带气候环境,是中国最具活力的地区之一,其中的粤港澳大湾区已形成通信电子信息产业、新能源汽车产业、无人机产业、机器人产业等产业集群,是中国建设世界级城市群和参与全球竞争的重要空间载体。

区域内的著名景点有桂林山水、天涯海角、广州塔、香港铜锣湾、澳门大三巴牌坊等。

### 五、华东地区

华东地区自北向南包括山东省、江苏省、安徽省、上海市、浙江省、江西省、福建省、台湾省、钓鱼岛及其附属岛屿,共8个省市,简称分别为鲁、苏、皖、沪、浙、赣、闽、台。华东地区是中国经济文化最发达的地区之一。

区域内的著名景点有泰山、中山陵、黄山、外滩、西湖、庐山、鼓浪屿、日月潭等。

### 六、西北地区

西北地区包括陕西省、甘肃省、青海省、宁夏回族自治区、新疆维吾尔自治区,简称分别是陕、甘(陇)、青、宁、新。西北地区深居内陆,距海遥远,再加上高原、山地地形较高对湿润气流的阻挡,导致降水稀少,气候干旱,形成了广袤沙漠和戈壁沙滩的景观。

区域内的著名景点有秦始皇陵兵马俑、敦煌莫高窟、青海湖、西夏王陵、天山天池等。

### 七、西南地区

西南地区包括重庆市、四川省、贵州省、云南省、西藏自治区,简称分别是渝、川、贵(黔)、云(滇)、藏。西南地区气候类型多样,动植物资源丰富,是中国少数民族聚居区之一。

区域内的著名景点有长江三峡、九寨沟—黄龙、黄果树瀑布、丽江古城、布达拉宫等。

# 第三节　中国的地形地貌

中国地形地势西高东低,呈阶梯状分布,一般分为三大阶梯。

几百万年前,地壳运动发生重大变化,青藏高原隆起,形成了现在的中国地貌。从空中俯瞰中国大地,地势就像阶梯一样,自西向东,逐渐下降。

如果通过北纬32°线,自西向东作一幅中国地形剖面图,从西部的大高原,到中部的盆地,再到东部平原,西高东低,呈阶梯状逐级下降的地势特点十分明显。

地势的第一级阶梯是青藏高原,受印度板块与欧亚板块撞击的影响,青藏高原不断隆起,平均海拔4 000米以上,号称"世界屋脊",构成了中国地形的第一阶梯。其北部与东部边缘分布有昆仑山脉、祁连山脉、横断山脉,是地势一、二级阶梯的分界线。第一阶梯上有青藏高原和柴达木盆地两个地形区。

地势的第二级阶梯上分布着大型的盆地和高原,平均海拔在1 000~2 000米之间,其东面的大兴安岭、太行山脉、巫山、雪峰山是地势二、三级阶梯的分界线。第二阶梯上有塔里木盆地、准噶尔盆地、内蒙古高原、黄土高原、四川盆地和云贵高原六个地形区。

地势的第三级阶梯上分布着广阔的平原,间有丘陵和低山,海拔多在500米以下。第三阶梯上有东北平原、华北平原和长江中下游平原三个地形区。由于位置、成因、气候条件等各不相同,在地形上也各具特色。以上三大平原南北相连,土壤肥沃,是中国最重要的农耕区。除此以外,中国还有成都平原、汾渭平原、台湾西部平原等,它们也都是重要的农耕区。

# 第四节　中国的山川河流

中国幅员辽阔、河流众多,流域面积在100平方千米以上的河流约5万多条,河川径流总量为27 115亿立方米。中国拥有长江、黄河等世界著名大河。

中国河流分为内陆河和外流河两类。

塔里木河是中国第一大内陆河,全长 2 179 千米,发源于天山山脉及喀喇昆仑山,沿塔克拉玛干沙漠北缘,穿过阿克苏、沙雅、库车、轮台、库尔勒、尉犁等县(市)的南部,最后流入台特马湖。

中国的外流河分别流入太平洋、印度洋和北冰洋三大海洋。

太平洋流域面积约占全国总面积的 56.7%,分布于青藏高原东部及其以东的广大地区。黑龙江、海河、黄河、淮河、长江、珠江等均属这一流域。

印度洋流域的面积居第二位,约占全国总面积的 6.5%,分布于青藏高原东南部、南部和西南一角。属于这一流域的河流主要有怒江、雅鲁藏布江等,这些河流的下游已出中国国境。

北冰洋流域面积只占全国总面积的 0.5%,偏处于中国西北一隅。属于这一流域的只有额尔齐斯河,为鄂毕河源流之一。

流域内所有河流、湖泊等各种水体组成的水网系统,称作水系。中国境内有"七大水系",均为河流构成,均属太平洋水系,从北到南依次是松花江水系、辽河水系、海河水系、黄河水系、淮河水系、长江水系、珠江水系。这些水系流域地区,均是中国重要的经济和农业区。

## 长江

长江是中国的第一大河,全长 6 300 多千米,在世界大河中,仅次于非洲的尼罗河和南美洲的亚马孙河,居世界第三位。

长江发源于青海省西南部的唐古拉山脉主峰各拉丹冬雪山,曲折东流,干流先后流经青海、四川、西藏、云南、重庆、湖北、湖南、江西、安徽、江苏、上海共 11 个省、自治区和直辖市,最后注入东海。流域面积 180 万平方千米,约占全国总面积的 1/5,年入海水量占中国河流总入海水量的 1/3 以上。

长江可供开发的水能总量达两亿千瓦,是中国水能最富集的河流。著名的三峡大坝就位于长江干流之上,它始建于 1994 年,集防洪、发电、航运、水资源利用等于一体,是三峡水电站的主体工程、三峡大坝旅游区的核心景观,也是当今世界上最大的水利枢纽建筑之一。

丰富的水量使长江素有"黄金水道"之称,干流通航里程达 2 800 多千米。重庆、武汉、南京等都是长江航道上重要的城市。

长江是中华民族的母亲河,也是中华民族的重要发祥地之一。

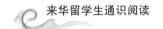

## 黄河

黄河发源于青藏高原巴颜喀拉山北麓的约古宗列盆地,是中国的第二长河,全长约 5 464 千米,流经中国 9 个省、自治区,流域总面积 79.5 万平方千米。

"九曲黄河万里沙",由于黄河中段流经中国黄土高原地区,因此挟带了大量的泥沙,可以说是世界上含沙量最多的河流,以至黄河下游河段成为有名的"地上悬河"。

黄河自古以来以"善淤、善决、善徙"闻名于世。据统计,从先秦时期到 1949 年,黄河共决溢 1 590 次,改道 26 次,其中大改道 6 次。决溢范围纵横 25 万平方千米,给沿岸百姓带来深重灾难。在中国,有句话叫"三十年河东,三十年河西",这里原本指的是历史上黄河屡次改道,后来常用来形容世事盛衰兴替、变化无常。

"黄河宁,天下平。"中国治黄历史悠久,相传在 4 000 多年前的尧舜时代,就有大禹为治理黄河流域的大洪水三过家门而不入的故事。大禹公而忘私、不畏艰险驯服洪水的精神被后世广泛传颂。此后,历朝历代都把黄河的治理看作安民兴邦的大事,可以说,一部治河史,赋予了中华民族生生不息的生命力,塑造了中华民族自强不息的民族品格。

但直到新中国成立后,黄河才真正实现了岁岁安澜。政府投入了大量人力、物力、财力,开展黄河全流域综合治理,现在这条中华民族的母亲河已很少"任性"和"暴躁",真正实现了变害为利,成为哺育沿线 9 省区亿万人民、维护西北生态安全和华北生态稳定的生态血液。

## 淮河

在中国,北方地区和南方地区以秦岭—淮河为界。淮河,这条位于长江与黄河两条大河之间不太起眼的河,却是中国北方和南方的分界线。

在温度方面,淮河以南是亚热带季风气候,而淮河以北是温带季风气候,中国 1 月平均气温的 0℃ 等温线在秦岭—淮河附近。在干湿方面,淮河南边属于湿润区,淮河北边属于半湿润区,中国年降水量的 800 毫米分界线在秦岭—淮河附近。

淮河南北两岸不同的自然环境使得生长的植被和种植的农作物也不尽相同。"橘生淮南则为橘,生于淮北则为枳。"淮河北岸的自然植被主要以暖温带落叶阔叶林为主,淮河南岸主要以亚热带常绿阔叶林为主。淮河以北以旱地为主,种植小麦等农作物;淮河以南以水田为主,种植水稻等农作物。

**？想一想**

1. 与你们国家比较,谈一谈中国地理环境的特点。

2. 请说出中国 34 个省级行政区的名字。

3. 中国的地形一般分为三大阶梯,是哪三大阶梯?

4. 请用 300 字左右描绘你心目中的长江或黄河。

# 第二章　中国的历史发展进程

中国是一个拥有五千年灿烂文明史的国家。从远古的黄河流域到长江两岸，从夏商周的青铜器到秦汉的长城，再到唐宋的诗词歌赋，中国的历史是一幅绚丽多彩的画卷。中国历史可分为古代史、近代史、现代史三个时期。古代史，是中华民族传统智慧和勤劳书写的传奇史；近代史，是从封建社会逐步走向现代化的波澜壮阔的变革史；现代史，是自 1949 年中华人民共和国成立以来以惊人速度发展的复兴史。五千年的历史，不仅赋予了中国深厚的文化底蕴，也塑造了中国人民独特的精神风貌。

## 第一节　中国古代史

### 一、原始社会阶段

原始社会是中国人类社会的第一个社会形态，始于大约 170 万年前的"元谋人"时期，至大约公元前 21 世纪夏王朝建立前。大体上可分为原始人群（约 170 万年～10 万年前）、母系氏族公社（约 10 万年～6 000 年前）、父系氏族公社（约 6 000 年～4 000 多年前）三个阶段。

**元谋人**　从 170 多万年前开始，中国大地就出现了原始人，他们生活在今云南元谋县境内。这是在中国发现的最早的猿人，从而揭开了中国历史的篇章。

**北京人**　北京人生活在距今约 70 万～20 万年前的北京周口店一带。北京人已经懂得制造和使用工具进行生产劳动，懂得用火和保存火种。火的使用，增强了人类适应自然的能力，是人类进化过程中的一大进步。

**山顶洞人**　山顶洞人生活在距今约 3 万年前的北京一带，属于母系氏族公社阶段，他们的体质和外貌与现代人基本相同。最能反映山顶洞人制作技术提高的是一根磨制的长 82 毫米、直径 3.3 毫米的骨针,在针的一端还挖有穿线的小孔,证明他们使用骨针来缝制兽皮衣服。

**河姆渡人和半坡人**　河姆渡和半坡时期是母系氏族公社的发展和繁荣时期。河姆渡氏族距今约 7 000 年左右,他们生活在气候适宜的长江下游,已经栽培水稻,并饲养猪、狗、水牛等。距今五六千年的半坡人生活在陕西西安半坡村一带,他们制作了大批彩陶,刻画着一些类似文字的符号,这可能是中国原始文字的萌芽。

**大汶口文化、龙山文化、良渚文化、齐家文化**　大约 5 000 年前,中国的原始社会逐渐过渡到父系氏族公社时期。大汶口文化、龙山文化、良渚文化、齐家文化都是父系氏族公社时期文化的代表。这一时期进入了金石并用的时代,农业工具得到改进,农业有了进一步发展,制陶、酿酒等手工业迅速发展,饲养的猪、狗、牛、羊、马、鸡"六畜"齐全,以男子为中心的一夫一妻制的家庭成为生产和生活的基本单位,私有制的成分日益增多,并逐渐形成代替原始公有制的趋势。

**五帝传说时期**　五帝一般是指黄帝、颛顼(zhuān xū)、帝喾(kù)、尧、舜,他们是中国古代国家形成时期的领袖人物,都曾统众称雄,征伐四方,显赫一时。有关他们的传说比较多地反映了原始社会末期向阶级社会过渡的真实情况。

**龙的崇拜**　龙是中华民族的象征,5 000 多年前,中国人民就存在着对龙的崇拜,中国人也自称"龙的传人"。龙有鹿的角、虎的眼、狮的鼻、牛的耳、鹰的爪、马的鬃、鱼的鳞、蜃(shèn)的腹、蛇的身,集一切动物的美和力,威武雄壮,神采飞扬,上能腾云驾雾,下可倒海翻江,代表着丰收和吉祥。龙的起源,有的专家认为是始于古代氏族部落的一种图腾崇拜,有的学者认为是古代中国人对云、雨、水等自然现象的神化。

## 二、奴隶社会阶段

中国的奴隶社会包括夏、商、西周和春秋时期,大约存在了 1 600 年。夏朝是中国历史上第一个奴隶制国家,商朝是中国奴隶制度的初步发展时期,西周是中国奴隶制度的鼎盛时期,东周的春秋时期是中国奴隶制度的瓦解时期。

### 夏(约前 2070—前 1600)

公元前 21 世纪,禹的儿子启破坏了原始的禅让制,建立了中国历史上第一个王朝——夏。

夏人在长期的农业生产实践中总结出《夏历》(即阴历),按 12 个月的顺序,分别记述每个月的星象、气象以及应从事的农事和政事,这是中国最早的历法。

夏朝的第 17 代王称为桀(jié),是历史上有名的暴君,他纵情声色、挥霍无度,还以太阳自比,并说太阳不消失,他就不会灭亡。当时的百姓指着太阳骂道:"太阳啊,你什么时候陨落啊,我情愿和你一起灭亡。"夏桀的众叛亲离,使夏朝在东方商部落的攻击下灭亡,统治时间约 470 多年。

### 商(前 1600—前 1046)

商部落长期生活在黄河下游,一直臣服于夏。当夏桀面临统治危机的时候,首领汤兴兵伐夏并取得成功,正式建立商朝。

商朝的甲骨文是中国已知的最早文字,在它之前,中国文字大约经历了两三千年的发展过程。甲骨文因主要保存在龟甲骨和牛胛骨上而得名,是已经相当成熟的文字,具备了汉字象形、指事、会意、形声、转注、假借"六书"的结构规律,对研究商朝历史具有重要意义。

### 西周(前 1046—前 771)

西周是居住在今陕西渭水中游的一个古老部落。周武王是周王朝的开国之君,公元前 11 世纪,他在牧野之战中打败商朝,建立西周。

西周初年,为了维护和巩固其在全国的统治,采取了分封诸侯的办法。周初的主要封国有鲁、齐、卫、晋、燕、宋等,分封的目的在于"以藩屏周"。这种分封制对加强周王室的统治、促进边远地区的发展起了一定的积极作用,但最终也导致了后来诸侯割据的局面。

西周推行分封制的同时,又建立了以姬姓为中心的宗法制度,其主要特点是以血缘为基础的嫡长子继承制和余子分封制。宗族中分为大宗和小宗,周天子一般由嫡长子世袭,为天下的大宗,政治上的共主。其余诸子成为"别子",被分封为诸侯和公卿,是为小宗。诸侯以下的大夫等各级贵族也都依次分别以长子为大宗,余子为小宗,形成一种等级从属关系。

以等级为基础的世代相袭的分封制和宗法制相结合,是西周政治的基本特点。

西周时期已经使用"土圭之法"观测日影,以确定四时的变化和地理的远近。西周还有对日食和月食的观测和记录,其中就有发生在周幽王六年十月初一(即公元前 776 年 9 月 6 日)辰时的一次日食,这是中国历史上第一次有准确年月日的日食记录。

### 春秋(前 770—前 476)

西周灭亡后,公元前 770 年,周平王把国都迁到东方的洛邑(今洛阳),建立东周。东周大体上包含春秋和战国两个时期。

春秋时期与鲁国编年史《春秋》的记事时间大体相当,故名"春秋"。春秋时期是奴隶社会向封建社会的过渡时期,由于新旧制度的交替和经济、政治上的剧烈变化,思想文化也空前活跃和繁荣,涌现出了一批璀璨夺目的成果和许多杰出人物,如哲学家老子、儒学宗师孔子、兵圣孙子等。

春秋时期的《诗经》是中国最早的一部诗歌总集,开启了中国文学以抒情为主的发展方向。

**知识链接**

**土　圭**

所谓"土圭",就是在地面树立一个垂直的表(柱子),与"表"成直角的座子叫"圭"。人们利用土圭,根据正午太阳投射的长短来确定季节的变化。投射最短的一天为夏至,投射最长的一天是冬至。

### 三、封建社会阶段

#### 战国(前 475—前 221)

战国时期是中国封建制度的确立时期。"战国"的名称来源于《战国策》一书,主要写七个强大诸侯国的历史。

战国初期形成的秦、楚、齐、魏、赵、韩、燕七个国家,史称"战国七雄"。为了巩固新生的地主阶级政权,兴起了内容广泛的变法运动。变法引起的经济、政治和思想文化的一系列变化,使封建制度得以确立。

战国时期也是中国历史上第一次思想解放运动的高潮。这一时期,思想活跃、学派林立,各家之间互相争辩,又互相影响,互相取长补短,出现了"百家争鸣"的景象。影响较大的有儒、法、道、墨四家,代表人物有孟子、荀子、韩非子、庄子、墨子等人。这一时期基本上形成了中国传统文化体系,奠定了中国思想文化发展的基础。

#### 秦(前 221—前 206)

公元前 221 年,秦统一六国,建立了中国历史上第一个统一的多民族中央集权制封建王朝。

秦统一六国后,实行了一系列巩固统一的措施。政治上建立皇帝制度和中央集权制度,废除分封制并建立起郡县制度。经济上统一货币,以圆形方孔、每铢重半两钱通行全国;统一度量衡,令全国各地以规定标准制作度量衡器。文化上统一文字,以简单适用的小篆作为全国规范性文字。交通上修筑驰道,形成了以咸阳为中心的四通八达的交通网。军事上,为北御匈奴,在原来秦、赵、魏三国旧长城的基础上,修筑了一条西起临洮(táo,今甘肃岷县)、东至辽东(鸭绿江口)的万里长城。这些措施对维护和巩固国家的统一有着重要作用。

### 西汉(前206—公元25)

秦灭亡后,刘邦经过4年的楚汉战争战胜项羽,建立西汉。

西汉时期,史学最突出的成就是司马迁所著的《史记》,他先后倾注20多年的心血完成了这部史学巨著。《史记》记载了黄帝到汉武帝间3 000多年的历史,体例严谨,内容丰富,是中国第一部纪传体通史,为此后的正史编纂开了先河。

西汉时期,张骞先后两次出使西域,此后,自长安通往中亚的道路畅通起来,中西方的商人赶着骆驼,成群结队地远涉于大沙漠之中。中国运往中亚的有丝织品、铁器、漆器,中国的开渠、凿井、铸铁等技术也传到了中亚和欧洲;西方运往中国的有良马、香料、毛制品、农作物种子等,乐器、舞蹈、雕刻、绘画、杂技也传入中国。往来货物通过这个交通线源源不断地实现交换,特别是中国的丝绸,故有"丝绸之路"的美称,这是连接中外经济文化的纽带,促进了中西文明的共同发展。

### 东汉(25—220)

公元8年,王莽取代西汉,建立新朝,历时15年,新朝灭亡。后西汉皇室后裔刘秀重新建立刘氏王朝,因国都建于东部的洛阳,所以称"东汉"。

东汉时期,杜诗发明了水排,利用水冲力转动机械鼓风冶铁,大大提高了劳动效率,比欧洲早了1 100年,在中国古代冶炼工艺发展史上具有重要意义。蔡伦改进造纸术,以树皮、破布为原料,造出了质量更好的植物纤维纸。

### 三国(220—280)

东汉末年,天下大乱,群雄割据,后逐渐形成了魏、蜀、吴三国鼎立的局面,分别占据中国的北方、西南和东南地区。

三国时期,出现了很多有名的政治人物、军事人物和文学人物,在后世逐渐成为某种性格特点的代名词,如蜀国丞相诸葛亮就是一个谦虚谨慎、鞠躬尽瘁(cuì)、聪明睿智的形象,蜀国大将关羽则是英勇忠义的化身。他们都得到了后世中国人的尊敬和崇拜。明代小说家罗贯中根据此段历史及民间三国故事传说,经过艺术加工创作出的历史演义小说《三国演义》则成为家喻户晓的中国四大名著之一。

### 两晋（265—420）

公元265年，司马炎代魏自立，建立晋朝，是为西晋。西晋仅存在51年就被匈奴所灭。西晋灭亡后，中国出现了长达270余年的南北分裂。其中，前100多年是南方的东晋和北方的十六国对峙时期。

西晋灭亡后，逃亡江南的司马氏集团重建晋政权，是为东晋。而北方黄河流域则出现了十六国的政权更迭战乱时期，参与纷争的民族主要有匈奴、鲜卑、羯、氐、羌，史称"五胡"。各少数民族贵族间的混战给北方经济社会造成很大破坏，但客观上加速了北方的民族大融合。

西晋时期，太医令王叔和系统总结秦汉以来医家切脉的经验，写出了一部医学名著《脉经》，奠定了中国古代脉学理论的基础。东晋王羲之是集汉魏以来书法之大成者，有"书圣"之称，代表作有《兰亭集序》等，他的儿子王献之也是著名的书法家，父子合称"二王"。

### 南北朝（420—589）

从东晋灭亡到隋统一全国，中国仍然是南北分裂对峙时期。南朝经历了宋、齐、梁、陈四个汉族王朝，共169年；北朝经历了鲜卑族建立的北魏、东魏和西魏（由北魏分裂而成）、北齐、北周，共142年。

北魏孝文帝改革是这一时期的典型事件。北魏是一个由鲜卑族建立的少数民族政权。由于和汉人风俗习惯不同，造成很多矛盾冲突。孝文帝认为北魏要发展壮大，一定要吸收先进的中原文化，把那些落后的习俗改掉。但当时北魏的都城在平城（今山西大同），离中原较远，所以他决定迁都。为了避免大臣反对，他用攻打南齐这个借口，把都城迁到洛阳，并实行了一系列汉化政策：改穿汉服、改说汉话、改姓汉姓、与汉族通婚、尊孔崇儒等。改革后，北魏王朝逐渐强大起来。

北魏孝文帝的改革顺应历史发展趋势，促进了民族融合，在中国历史上有着重要意义。

### 隋（581—618）

隋朝自公元581年建立，前后仅存37年。但隋朝结束了中国自西晋末年以来270多年的分裂局面。

隋朝创立的许多经济制度和政治制度，对封建中央集权政治制度的发展具有承前启后的作用。唐以后历朝的许多制度都来自隋朝。如隋朝确立三省六部制，直至清末，六部制基本不变。隋朝实行科举制度，选任官吏比较重视才学而不是门第，为一般读书人参政创造了条件。科举制自隋至清末,实行了1300多年之久,对历朝封建统治影响很大。

隋炀帝时期,为解决南粮北运问题和加强对东南地区的控制,在前人挖掘运河的基础上,开凿出贯穿南北的大运河。大运河南起余杭(今杭州),北达涿郡(今北京),纵贯北京、天津、河北、山东、河南、安徽、江苏、浙江等8个省市,全长2700千米,是中国古代劳动人民创造的一项伟大的水利建筑工程。

### 唐(618—907)

唐朝自618年李渊建国至907年灭亡,共289年的历史(其中包括武周15年)。唐朝的历史以唐玄宗天宝十四年(755年)发生的安史之乱为界,分为前后两个时期。安史之乱之前是唐朝的发展和强盛时期;安史之乱发生之后,唐朝开始衰落,并走向灭亡。

唐太宗李世民是中国历史上比较开明的皇帝,他汲取隋朝灭亡教训,调整统治政策,宽刑减法,任用贤臣,善于纳谏,重用魏征等为人正直且有才干的大臣。这一时期政治清明,经济复苏,文化繁荣,被称为"贞观之治"。

**知识链接**

#### 以人为镜的故事

魏征经常向唐太宗进谏,且据理力争,不留情面,唐太宗也对他有所畏惧。有一次,唐太宗正在逗一只漂亮的鸟,看见魏征走来,忙把鸟藏在怀中。其实魏征早已看见了,有意跟唐太宗说个没完。等到魏征离开时,唐太宗怀里的鸟已被闷死。魏征前后上谏200多次,许多建议都被唐太宗采纳。魏征病逝后,唐太宗非常悲伤。他说:"一个人用铜当镜子,可以使衣帽穿戴得端正;用历史当镜子,可以知道国家兴亡的原因;用人当镜子,可以发现自己的对错。魏征一死,我就少了一面好镜子啊。"

武则天是中国历史上唯一一位女皇帝,她是唐高宗李治的皇后。由于李治多病,武则天常帮助李治处理政务,逐渐掌握大权。武则天在位时期,奖励农桑、轻徭薄赋、发展科举、选用人才、打击士族、加强边防,为唐朝的鼎盛奠定了基础。

唐朝的鼎盛是在玄宗李隆基时期。他在曾祖父李世民、祖母武则天等人前期良好治理的基础上,励精图治、大胆改革,开创了"开元盛世",这是唐朝国势最强盛的时期。

唐朝是中国古代的辉煌时期,也是当时先进而开放的国家,陆路交通和海上交通都很发达,是亚洲各国经济文化交流的中心,贸易交换包含太平洋、印度洋、地中海各地区。唐代都城长安是世界历史上第一个达到百万人口的大城市,其中外国商人、使者、学生、僧人等总数不下 3 万人。

唐文化对东亚、东南亚诸国影响很大。日本先后 19 次派"遣唐使"来唐,研究学习中国文化,把中国的典章制度、天文、历法、音乐、美术、雕刻、建筑等带回国。中国高僧鉴真等也东渡日本,传播中国文化。

唐朝与天竺(古印度)的佛教徒对两国的文化交流作出了不可磨灭的贡献,其中最著名的是高僧玄奘(zàng)。他历经千辛万苦去天竺求法,在天竺 15 年,潜心研究佛教经论,也熟悉了天竺的历史和民情。他回国后用 19 年的时光,翻译经书 74 部,计 1 335 卷,又写成《大唐西域记》,记录了他亲身经历或听闻的 138 个国家的历史沿革、山川特产、风土人情、宗教信仰等,是研究古印度地区的珍贵史料。中国家喻户晓的小说《西游记》就脱胎于玄奘取经的故事。

### 五代(907—960)

唐朝灭亡后到宋朝建立,共 53 年。这是个分裂割据的时代,在中原地区先后出现了五个朝代——后梁、后唐、后晋、后汉、后周,史称"五代"。在南方和山西地区,先后出现十个割据政权,合称"十国"。

五代十国是唐末藩镇割据的继续和发展。北方地区由于战事频繁,社会经济遭受较大破坏;南方由于相对安定,社会经济有了一定发展。这其中著名的政治人物有周世宗柴荣,他致力于统一大业,励精图治,锐意改革,可惜英年早逝,壮志未酬。柴荣去世后,其幼子继位,大将赵匡胤发动陈桥兵变,部下诸将给赵匡胤"黄袍加身",拥立他为皇帝,后周被宋取代。

### 北宋(960—1127)

公元 960 年,赵匡胤建立宋朝,定都汴京(河南开封),历史上习惯把赵匡胤建立的赵宋王朝称作"北宋"。

北宋结束了五代十国分裂割据的局面,社会经济和文化都得到很大发展,当时全国的人口增加到 1 亿人左右。

宋都汴京是当时最繁华的城市,有居民 20 多万户,约百万人。汴京比唐代长安更大的变化是营业时间不受限制,除白天营业外,还有夜市和晓市。汴京城内还有多处娱乐场所,叫"瓦肆"(或叫"瓦子"),里面有说书、唱戏等娱乐活动。时人张择端所画的《清明上河图》就是汴京商业繁荣的写照。

宋代是中国瓷器事业发展的高速时期。哥窑、汝窑、官窑、钧窑、定窑是当时的五大名窑。汝窑以青瓷为主,"釉色天青色"是汝瓷的重要标志;官窑多为素面纯色,讲究朴素之美;哥窑则主要展现纹理美学,贵族气质十足;钧窑名为青瓷,实际上的颜色多为天蓝色和玫瑰色;定窑则是北宋宫廷的御用白瓷,给人以清纯、恬静的质美之感。真宗景德年间,江西昌南镇生产的瓷器皆为名贵的贡品,从此更名为景德镇,驰名中外。

北宋时期,平民毕昇发明了活字印刷术,这是印刷史上的一次革命,为传播文化提供了便利条件。活字印刷术首先传入朝鲜,后传入日本,大约14世纪经中国新疆传入中亚和西亚地区。15世纪中叶德国制成了字母活字,比中国晚了400多年。

北宋时期,海外交流发达,有专门通向朝鲜、日本、东南亚、阿拉伯地区等地的航线,北宋政府还在广州、杭州、泉州等地设置"市舶司",专门管理对外贸易。传统的陆上丝绸之路开始让位于海上丝绸之路。

北宋末年,金兵南下攻宋,靖康二年(1127年)四月,金兵虏宋徽宗、宋钦宗,北宋灭亡,史称"靖康之变"。

### 南宋(1127—1279)

"靖康之变"后,宋徽宗第九子康王赵构重建宋朝,是为南宋。南宋从建立到被元朝灭亡,苟安江南半壁河山共152年。

两宋虽然都军事屡弱、重文轻武,却是中国文化发展的繁盛时期。中国文化自春秋战国百家争鸣,诸派纷起,经秦汉、魏晋、隋唐的融合和整理,再加上佛教、基督教、伊斯兰教文化等外来文化的彼此渗透,至宋代渐渐条理清晰,尤其是两宋时理学兴起,主要流派有濂学、关学、洛学、闽学等,他们对中国的主流学派儒学经典进行了注与疏,渐渐形成以儒、释、道为支柱的中国传统文化架构。

### 元(1206—1368)

元是蒙古贵族建立的封建王朝。1206年,铁木真(成吉思汗)建立蒙古汗国。1271年,成吉思汗之孙忽必烈改国号为元,1279年灭南宋。1368年,元顺帝逃出大都,元朝灭亡。

元朝的统一结束了五代以来长达几百年的几个政权分立和割据的局面,又一次实现了多民族国家的统一。元代疆域远超汉、唐,"北逾阴山,西及流沙,东尽辽左,南越海表",为中国今天的疆域奠定了基本轮廓。

行省是元朝的一个创举,元朝将辽阔的国土划分行省,设置地方行政机构,派遣官吏,征收赋税,进行有效的统治。宣政院是元朝时期设立的一个国家机构,负责掌管全国佛教事宜并统辖西藏地区的军政事务,从此,西藏地区正式成为中国中央政府直接管辖的一个地方行政区域。元朝还设置澎湖巡检司,管辖澎湖和台湾,这是中央政府首次在台湾地区设立行政机构。

由于欧亚交通方便,元朝时对外关系达到鼎盛时期,与亚洲、欧洲、非洲的很多国家都有商贸往来。泉州是当时世界上最大的港口之一,在元代海外贸易中占据首要地位。

元代对外交往范围扩大,不少外国人来到中国。当时来中国的欧洲人要数意大利旅行家马可·波罗最为出名,他在中国整整生活了17年,返回故乡后,写出了闻名世界的《东方见闻录》(俗称《马可·波罗游记》),向欧洲人描绘了先进文明的中国。非洲人到中国来的,最著名的要算摩洛哥人伊本·白图泰,他是继马可·波罗之后的又一位大旅行家,他的游记中有很多关于中国的内容。

### 明(1368—1644)

明朝从1368年明太祖朱元璋建立,到1644年灭亡,共276年。

明朝初年,从1405年到1433年,明成祖派著名航海家郑和率领当时世界上最强大的船队"七下西洋",访问了亚非30多个国家和地区,带去的是茶叶、瓷器、丝绸、工艺品,没有侵占别国一寸土地,带给世界的是和平与文明,充分反映了古代中国与有关国家和人民加强交流的诚意。

### 鸦片战争前的清朝(1616—1840)

1616年,女真族首领努尔哈赤建立后金政权。1636年改国号为"清"。1644年清军入关,在全国建立封建统治。1912年,爱新觉罗·溥仪退位,清朝灭亡。其中,从顺治到乾隆为清朝前期,是清朝的鼎盛时期;从嘉庆到道光为清朝中期,封建统治走向衰落;道光二十年(1840年)爆发了英国侵略中国的鸦片战争,清朝的统治进入后期,是它的衰亡时期。清朝后期的历史属于中国近代史的范围。

清朝前期,清政府采取了一系列措施,加强对统一多民族国家治理,如平定"三藩"叛乱和统一台湾,平定蒙古地区和西北地区的叛乱,对返回新疆的土尔扈(hù)特部妥善安置,册封达赖和班禅、设置驻藏大臣和创立"金瓶掣(chè)签"制度等。这一时期是中国这个统一的多民族国家进一步巩固和发展的时期。

清朝中后期,政治腐败,土地兼并日趋严重,阶级矛盾日益尖锐,同时清政府实行

"闭关自守"政策,严格限制对外贸易。而这时西方资本主义正在蓬勃发展。19 世纪初,英国已经基本完成了工业革命,成为世界最强大的资本主义国家。继占领印度之后,中国成为它在亚洲的主要侵略目标。

# 第二节 中国近代史

中国近代史从 1840 年鸦片战争开始,到 1949 年中华人民共和国成立为止,是中国半殖民地半封建社会的历史。

## 鸦片战争(1840—1842)

由于英国的工业品遭到中国自然经济和闭关政策的顽强抵抗,英国对华贸易长期处于入超状态,于是,英国殖民者便以走私鸦片作为牟取暴利及改变贸易逆差的手段。鸦片走私给中国人民带来深重的苦难,造成中国白银大量外流,人民生活日益困苦。据不完全统计,在鸦片战争前的 40 年间,英国向中国输入鸦片约 40 万箱,掠走白银 3 亿至 4 亿银元。中国人民再也不能容忍他们在华的种种罪恶活动。1839 年 6 月,林则徐领导的禁烟运动开展起来,虎门销烟成为中国人民反帝斗争的伟大起点。

林则徐在广东虎门销毁所收缴鸦片的措施,完全是维护国家利益和民族尊严的正义行动。中国禁烟的消息传到英国,英国国会通过了对华战争的决定。

1840 年 6 月,英国侵华舰队封锁珠江口和广东海面,鸦片战争正式爆发。侵略战争尽管受到了中国人民和爱国官兵的英勇抵抗,但由于社会制度的腐败和经济技术的落后,战争以清政府的失败而告终。1842 年 8 月 29 日,清政府被迫与英国签订了中国近代史上第一个不平等条约《南京条约》,中国被迫开放五处通商口岸,割让香港岛给英国,赔款 2 100 万银元。中国的主权遭到破坏,中国开始一步步沦为半殖民地半封建社会。

鸦片战争是中国近代史的开端。自此以后,争得民族独立和人民解放,实现国家富强和人民幸福就成了中国人民必须完成的两大历史任务。

## 第二次鸦片战争(1856—1860)

1856 年 10 月至 1860 年 10 月,英、法两国在美、俄支持下,为了扩大在华侵略利益,联合发动侵华战争。1860 年,英法联军攻入北京,闯入圆明园并掠夺珍宝,烧毁圆明园。清政府被迫与英、法、俄、美四国签订了更多的不平等条约,除了赔款外,中国领土又遭到进一步劫夺,失去了大片国土。因为这场战争和第一次鸦片战争的本质目的相同,所以也称"第二次鸦片战争"。第二次鸦片战争后,中国半殖民地地位进一步加深,中国人民的苦难更加深重了。

### 太平天国(1851—1864)

鸦片战争后,鸦片贸易进一步泛滥,导致白银外流,加上清政府沉重的赋税征收,农民的负担更为加重。1851 年 1 月,洪秀全领导的太平天国农民起义在广西省桂平县金田村爆发。太平军从广西经湖南、湖北、江西、安徽,一直打到江苏,占领南京后,将南京定为首都,改名天京。太平天国确立了平均分配土地的方案和具有资本主义色彩的改革方案,但限于当时的历史条件,均未能付诸实施。之后,由于领导集团自身的腐败和内部矛盾,在中外反动势力的联合镇压下,太平天国逐渐衰落。1864 年 7 月,天京被攻破,太平天国运动失败。

太平天国运动历时 14 载,转战 18 省,是中国旧式农民战争的最高峰,更是中国逐步沦为半封建半殖民地社会、中华民族陷入内忧外患悲惨境地后,农民阶级对国家出路的一次早期探索。

### 洋务运动(1861—1894)

洋务运动发生在 19 世纪 60 年代初第二次鸦片战争结束后,是在清政府镇压太平天国和捻军起义的过程中兴起的。洋务运动的指导思想是"中学为体,西学为用",是以拯救清王朝统治、御侮自强为目的的地主阶级自救运动。"洋务派"的代表人物有奕䜣、曾国藩、李鸿章、左宗棠、张之洞等。在"自强""求富"的口号下,"洋务派"以引进西方先进技术为主要内容,兴办近代企业、建立新式海军、创建新式学堂和派遣留学生赴欧美留学,以期拯救大清王朝的统治。

洋务运动历经 30 多年,虽然推动了近代中国生产力的发展,促使了中国民族资本主义的产生,却没有使中国富强起来。甲午战争一役,洋务派经营多年的北洋海军全军覆没,标志着以"自强""求富"为目的的洋务运动以失败而告终。

### 甲午战争(1894)

1894 年,日本发动侵略中国和朝鲜的战争,这一年为中国传统纪年的甲午年,故称"甲午战争"。由于日本蓄谋已久,而清政府仓皇迎战,这场战争以中国战败、北洋水师全军覆没告终。清朝政府被迫于 1895 年 4 月签订了《马关条约》,中国割让台湾岛及其附属岛屿、澎湖列岛给日本,赔款 2.3 亿两白银,使中国半殖民地化程度大大加深,随后列强掀起了瓜分中国的狂潮。

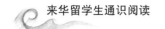

### 戊戌变法（1898）

甲午战争的失败使中国民族危机空前严重,而代表民族资本主义发展要求的知识分子站在了救亡图存和变法维新的前列,主要人物有康有为、梁启超、谭嗣同等。他们希望清政府通过自上而下的改良,学习西方资本主义的政治制度和思想文化,在中国建立一个君主立宪制的政治体制,以实现国家富强。但戊戌变法仅仅持续了103天,便被以慈禧太后为首的守旧势力残酷镇压,以失败告终。在中国进行自上而下改良的道路并未走通。

### 辛亥革命（1911）

在旧式的农民战争走到尽头,不触动封建根基的"自强"运动和资产阶级改良都遭受失败之后,中国人民又开始了新的对国家出路的探索。

1911年10月10日,武昌爆发了推翻清王朝专制统治的武昌起义。在起义后一个月内,就有13个省以及上海和许多州县宣布脱离清政府的统治,腐朽的清王朝迅速土崩瓦解。1912年1月1日,中华民国南京临时政府成立,中国民主革命的伟大先行者孙中山先生当选为中华民国临时大总统。1912年2月12日,清帝退位,在中国延续了两千多年的封建帝制终于覆灭。

因为1911年是中国传统纪年的辛亥年,所以这一段时间中国所发生的革命事件称为辛亥革命。辛亥革命为实现中华民族伟大复兴探索了道路,永远是中华民族伟大复兴征程上一座巍然屹立的里程碑!

### 新文化运动（1915—1923）

新文化运动是20世纪初中国一些先进知识分子发起的反对封建主义的思想解放运动。1915年9月,陈独秀在上海创办《青年杂志》,后改名为《新青年》,新文化运动由此发端。《新青年》杂志和北京大学是新文化运动的主要阵地。陈独秀、李大钊、鲁迅、胡适等是新文化运动的代表人物。其基本口号是拥护"德先生"（Democracy）和"赛先生"（Science）,也就是提倡民主和科学。新文化运动的基本内容为提倡民主,反对专制;提倡科学,反对迷信;提倡新道德,反对旧道德;提倡新文学,反对旧文学。1919年五四运动后,新文化运动的思想启蒙进入一个新阶段,马克思主义开始逐步在思想文化领域中发挥指导作用。

### 五四运动（1919）

五四运动是1919年5月4日发生在北京的一场以青年学生为主,广大群众、市民、工商人士等共同参与,以罢课、罢工、罢市、游行示威等形式展开的彻底的反对帝国主义、封建主义的伟大爱国运动。

五四运动的直接导火线是巴黎和会上中国外交的失败。1919 年 1 月,英、美、法、日、意等第一次世界大战战胜国在巴黎召开对德和会。中国是参加对德宣战的战胜国之一,中国代表在会上提出从德国手中收回山东权益等主张,但这个由几个西方列强把持的会议竟规定德国应将在中国山东获得的一切特权转交日本,而非归还给中国,北洋政府居然准备在这一和约上签字。消息传到中国,引发了各阶层人民的强烈愤怒,爆发了震惊中外的五四运动。

1919 年 5 月 4 日,北京十几所大学的三千多名学生在天安门前集会,举行游行示威。6 月 5 日起,上海六七万工人为声援学生先后举行罢工,工人罢工又推动了商人罢市、学生罢课。随后,这场反帝反封建的爱国运动扩展到 20 多个省区 100 多个城市。北洋政府迫于人民压力,罢免卖国贼职务,拒绝在《凡尔赛和约》上签字。五四运动的直接斗争目标得以实现。

五四运动实现了中国人民和中华民族自鸦片战争以来的第一次全面觉醒,是中国旧民主主义革命走向新民主主义革命的转折点,在近代以来中华民族追求民族独立和发展进步的历史进程中具有里程碑意义。

## 中国共产党诞生(1921)

十月革命一声炮响,给中国送来了马克思列宁主义,加上五四运动的推动,为中国共产党的成立做了思想上、干部上的准备。伴随着中国工人阶级开始作为独立的政治力量登上历史舞台和马克思主义在中国的逐步传播,建立一个以马克思主义为指导的工人阶级政党的任务被提上日程。

1921 年 7 月 23 日,中国共产党第一次全国代表大会在上海法租界望志路 106 号(今兴业路 76 号)举行,出席大会的有 13 位代表,他们代表着全国 50 多名党员。出席会议的还有共产国际代表马林和尼克尔斯基。在会议进行过程中,由于会场受到暗探注意和法租界巡捕房搜查,最后一天的会议便转到了浙江嘉兴南湖的一艘游船上举行,这条船后来被称为“红船”。经过讨论,大会通过了中国共产党的第一个纲领,并选举产生党的临时领导机构——中央局。中共一大宣告中国共产党正式成立。

中国共产党一经诞生,就把为中国人民谋幸福、为中华民族谋复兴确立为自己的初心使命。中国产生了共产党,这是开天辟地的大事件,深刻改变了近代以后中华民族发展的方向和进程,深刻改变了中国人民和中华民族的前途和命运,深刻改变了世界发展的趋势和格局。

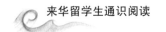

### 抗日战争（1931—1945）

1931年9月18日深夜，日本关东军炸毁"南满铁路"沈阳北郊柳条湖附近一段铁路，诬陷是中国军队所为，进攻沈阳，挑起"九一八"事变。

1935年，日本在华北策动华北事变，制造傀儡（kuǐ lěi）政权。1937年7月7日，日军在北平（今北京）附近以一名士兵失踪为借口挑起"七七"事变，发动全面侵华战争。至1938年10月，日军相继占领了中国北平、天津、太原、上海、南京、武汉等一大批城市。

"九一八"事变后，国民政府对日本侵略者采取妥协退让政策。1932年2月，中国东北全境沦陷。中国共产党率先举起武装抗日旗帜。在中国共产党的推动下，1937年，以国共两党第二次合作为基础的抗日民族统一战线正式形成。

中国人民经过14年不屈不挠的浴血奋战，打败了穷凶极恶的日本军国主义侵略者，取得了抗日战争的伟大胜利。9月3日成为中国人民抗日战争胜利纪念日。

抗日战争是近代以来中国人民反抗外敌入侵持续时间最长、规模最大、牺牲最多的民族解放斗争，也是第一次取得完全胜利的民族解放斗争。这个伟大胜利，是中华民族从近代以来陷入深重危机走向伟大复兴的历史转折点，也是世界反法西斯战争胜利的重要组成部分，是中国人民的胜利，也是世界人民的胜利。

### 解放战争（1946—1950）

抗日战争胜利之后，中国共产党为争取和平民主进行了不懈努力，但最终未能阻止全面内战的爆发。1946年6月26日，国民党军以进攻中原解放区为起点，挑起了全面内战。

全面内战爆发时，中国共产党面临的形势极为严峻。经过一年作战，战争形势发生重大变化。1947年7月，国民党总兵力由430万下降为373万人，人民解放军总兵力则由127万增加到195万人。在此背景下，根据中共中央决策部署，战略进攻的序幕由此拉开。

1948年秋，人民解放战争进入夺取全国胜利的决定性阶段，在全国人民的热烈支援下，中国人民解放军先后发动了辽沈、淮海、平津三大战役，国民党赖以维持其反动统治的主要军事力量基本被摧毁。1949年4月23日，人民解放军占领南京，宣告了国民党统治的覆灭。

1949年10月1日，中华人民共和国在北京宣告成立。国民党政权败退台湾。到1950年6月，残存在东北、华东、中南、西南、西北战场上的国民党军被全部歼灭。

# 第三节　中国现代史

## 中华人民共和国成立(1949年10月1日)

1949年10月1日,首都北京30万军民在天安门广场隆重举行开国大典。毛泽东主席庄严宣告中华人民共和国中央人民政府成立。中华人民共和国国旗——五星红旗在天安门广场冉冉升起,高高飘扬。

中华人民共和国的成立,彻底改变了近代以来100多年中国积贫积弱、受人欺凌的悲惨命运,彻底结束了旧中国半殖民地半封建社会的历史。劳动人民第一次成为国家、社会和自己命运的主人,中国历史从此开辟了新纪元。中国从此进入现代史时期。

想一想

1. 中国已知最早的文字是什么?

2. 秦统一六国后,采取了哪些巩固统一的措施?

3. 请你讲讲丝绸之路的由来。

4. 唐代的对外文化交流体现在哪些方面?

# 第三章 中国的人口、民族和语言文字

中国是世界上人口最多的国家,国家的通用语言文字是普通话和规范汉字。中国也是一个多民族、多语言、多方言和多文种的国家。56个民族的人民拥有各自独特的语言,以及与之相伴的丰富多样的文字系统,现今共有130多种语言,约30种文字。多民族的和谐共处、多语言的交流融合,以及多方言和多文字的并存,构成了中国当代社会的一大特色。

中国的语言和文字不仅是沟通的工具,更是承载历史、传承文明的载体。在全球化的今天,中国的语言和文字正以其独特的魅力,吸引着世界各地人们的目光,成为连接中国与世界的桥梁。

## 第一节 人 口

中国是一个人口大国,占世界人口的比例长期保持在20%左右。根据中国第七次人口普查结果,截至2020年11月,中国总人口超过14亿(含港澳台地区)。

受环境、自然、气候、资源等因素影响,中国人口呈现出地区分布不平衡的状况。人口主要集中在自然条件优越、经济发达的中东部地区,约占总人口数的65.8%,且平原地区人口密度大,高原和山地人口密度小。

近年来,随着中国城市经济发展,城乡人口结构发生了巨大变化,城镇人口快速增长。到2020年,居住在城镇的人口约占总人口的63.9%,乡村人口约占36.1%。

人口问题一直是人类社会面临的一个基础性、战略性问题,世界各国都在根据自己国家的情况,适时调整人口政策,优化人口结构。

近年来,随着人口发展变化形势和经济社会发展需要,中国政府对生育政策进行了调整和优化,不断改革服务管理制度,将婚嫁、生育、养育、教育进行一体考虑,降低老百姓的生育、养育、教育成本,逐步优化人口结构,提升人口素质,为国家建设和社会发展提供坚实基础和持久动力。

# 第二节　民族与民族政策

## 一、中国的民族

中国是一个统一的多民族国家,实行民族平等、团结和互助的政策。在中国这片广袤的土地上,生活着 56 个民族,各族人民相亲相爱,组成中华民族大家庭,共同为国家发展、社会进步贡献力量。

56 个民族中,汉族人口最多,约占全国总人口的 91.1%。除汉族以外的 55 个民族统称为少数民族,分别是蒙古族、回族、藏族、维吾尔族、苗族、彝族、壮族、布依族、朝鲜族、满族、侗族、瑶族、白族、土家族、哈尼族、哈萨克族、傣族、黎族、傈僳族、佤族、畲族、高山族、拉祜族、水族、东乡族、纳西族、景颇族、柯尔克孜族、土族、达斡尔族、仫佬族、羌族、布朗族、撒拉族、毛南族、仡佬族、锡伯族、阿昌族、普米族、塔吉克族、怒族、乌孜别克族、俄罗斯族、鄂温克族、德昂族、保安族、裕固族、京族、塔塔尔族、独龙族、鄂伦春族、赫哲族、门巴族、珞巴族、基诺族。近年来,少数民族人口呈稳步上升趋势,约占全国总人口数的 8.9%。

中国的民族分布形成了以汉族为主体、各民族"大杂居、小聚居"的分布格局,西北、西南及东北地区是中国少数民族分布最集中的地区。具体来说,中国少数民族人口的分布有两个特点:

第一,大杂居小聚居。少数民族人口主要集中在西南、西北和东北各省、自治区。内蒙古、新疆、西藏、广西、宁夏 5 个自治区和各个自治州、自治县(旗)、民族乡是少数民族聚居的地方,但这些地区又杂居着不少汉族,其比例也相当高。同样,在各汉族地区也杂居着许多少数民族。

第二,分布范围广,但主要集中于西部及边疆地区。广西、云南、贵州、新疆 4 个省区的少数民族人口之和占全国少数民族人口的一半以上。另外,中国陆地边界线全长 2 万多千米,绝大部分都在少数民族地区。

几乎每个少数民族都有自己的语言、生活习惯和独特的民族文化，比如：蒙古族每年都会举办盛大的"那达慕"大会；壮族百姓在传统的"三月三"歌圩节中通过对歌交流感情，表达情谊；藏族人民"吃着酸奶看藏戏"，尽享雪顿节的欢乐；回族人民喜欢饮茶和用茶待客；维吾尔族人民热情好客、能歌善舞；侗族人民喜爱音乐，多声部合唱的侗族"大歌"被誉为天籁；而苗族妇女们会用精湛的刺绣技术美化生活，表现苗族的传说和神话。

### 蒙古族"那达慕"大会

蒙古族重要节日有春节、兴畜节、那达慕等。其中，那达慕是蒙古族最为盛大、影响广泛的节日。"那达慕"是蒙古语的音译，意思是"娱乐"和"游戏"。每年七八月牲畜肥壮的季节，蒙古族人民都要举办盛大的"那达慕"大会来庆祝丰收。大会期间，男女老少盛装打扮，骑着马，赶着车，带着皮毛、药材等农牧产品，来到举行大会的广场，并在会场周围搭起彩色的蒙古包。传统的"那达慕"大会上只举行射箭、赛马和摔跤比赛；现代"那达慕"从内容到形式都有了很大的丰富和发展，除了传统的男儿三艺——摔跤、赛马、射箭比赛之外，还增添了其他体育竞赛、文艺演出、篝火晚会等内容。人们还在大会期间开展各种经贸活动，交流生产经验，表彰劳动模范。"那达慕"这一古老的活动发展成为集文体、经贸、旅游于一体的草原盛会，焕发出新的活力。

### 壮族"三月三"歌圩节

"三月三"歌圩节是壮族极具特色的传统节日。每年农历三月初三，家家户户都会制作五色糯米饭，染彩蛋，欢度节日。三月三这天，男女老少聚集在歌圩场上，赛歌、赏歌、抛绣球、碰彩蛋，参加各种活动，一时间场上歌声此起彼伏，热闹非凡。青年男女还会通过对歌的形式，了解彼此的心意，选定心仪的结婚对象。随着社会的发展，三月三歌圩节的影响不断扩大，逐渐成为广西地区民族经济、文化全面交流的盛会。2014年1月13日，壮族三月三经广西壮族自治区人民政府批准，成为广西的法定假日（自治区内全体公民放假2天）。

### 西藏雪顿节

雪顿，意为酸奶宴，在藏语中，"雪"是酸奶的意思，"顿"是"宴"的意思。因为雪顿节期间有隆重热烈的藏戏演出和规模盛大的晒佛仪式，所以也被称为"藏戏节""展佛节"。雪顿节在每年藏历六月底七月初举行，是藏传佛教以及西藏地区藏族人民最重要的节日之一。拉萨雪顿节期间，哲蚌寺会举行隆重的晒佛仪式，西郊的罗布林卡有传统藏戏及民间艺术表演活动,而当雄则会举办热闹的赛马会。节日期间还有名优商品交易展示展销活动,人们"吃着酸奶看藏戏",尽享节日的欢乐。

**回族的饮茶习俗**

回族是中国人口较多的一个少数民族,全国各省、自治区、直辖市均有分布,宁夏回族自治区是他们的主要聚居区。日常生活中,回族人民不抽烟、不饮酒,但特别喜欢饮茶和用茶待客。由于分散各地,形成了不同的饮茶习俗,北方回族地区有罐罐茶,云南回族中有烤茶,湖南回族中有擂茶。盖碗茶是西北回族一种特殊的饮茶方式。最有代表性的是"八宝盖碗茶",即盖碗内泡有茶叶、冰糖、枸杞、核桃仁、芝麻、红枣、桂圆、葡萄干(或苹果干)等。

**维吾尔族的舞蹈**

维吾尔族的舞蹈轻巧、优美,以旋转快速和多变著称。传统的舞蹈有顶碗舞、大鼓舞、铁环舞、普塔舞等。"赛乃姆"是最普遍的民间舞蹈形式。即兴表演的舞蹈有时一人独舞,有时二人对舞,也有时三五人同舞。在乐队伴奏之下,围坐成圆圈的群众拍手唱和。当音乐节奏由中速转为快速,舞步也越来越急促时,"凯——那"(加油)、"巴力卡勒拉"(妙啊)的呼声随之四起,舞蹈者的情绪也更加炽烈。还有流行全疆尤其盛行于南疆的"夏地亚纳",意为欢乐的舞,是一种民间集体舞蹈,参加人数不限,队形也不固定,跳舞时舞者两臂上举,手掌内外快速抖动,给人以欢乐、轻快之感。另外还有流行于吐鲁番、鄯善、哈密等地的"纳孜尔库姆",用舞蹈动作表现活泼、诙谐的内容,充分反映出维吾尔族人民乐观开朗的性格。

**侗族"大歌"**

侗族人民喜爱音乐,唱歌在侗族人的社会生活中占有重要的地位。在侗族人聚居的村寨,年长者教歌,年轻人唱歌,孩子们学歌,各种音乐形式代代相传,成为人民生活的重要部分。侗族"大歌"是侗族音乐中的精粹,这种多声部、无指挥、无伴奏、自然合声的民间合唱,表达了侗族人民对生活的赞美之情,传递着侗族富有特色的文化信息。侗族民间有传统的歌班、歌队组织,每逢节日,或歌队出访,或迎接歌队来访,以对唱"大歌"而闻名。歌班演唱时,领唱与众人合唱相结合,分出高低音声部,其完整的多声部结构是中国目前所发现的最完美的民间合唱,被誉为"天籁"。

**苗族"苗绣"**

苗绣是指中国苗族民间传承的刺绣技艺,主要流传在黔东南地区苗族聚集区。苗族的刺绣艺术是苗族历史文化中特有的表现形式之一,是苗族妇女勤劳智慧的结晶。苗家姑娘个个会绣花,四五岁就跟着母亲、姐姐学绣花,到了七八岁,她们的绣品就可以镶在自己或别人的衣裙上了。苗族妇女刺绣不打底稿,也不画草图,全凭自己天生的悟性、娴熟的技艺和非凡的记忆力,数着底布上的经纬线挑绣。她们凭借丰富的想象力,将一个个单独的图形巧妙组合,形成丰满的绣品。苗绣用五色彩线织成,色彩艳丽,常常镶嵌在服装的衣领、衣襟、衣袖、裙脚等部位。一件普通衣裙,一旦镶上了苗绣,便会光彩夺目,身价百倍。苗绣显示了苗族妇女高超精湛的工艺水平。近年来,苗绣这朵艺术奇葩已享誉海内外,成为观赏、收藏的艺术精品。

## 二、中国的民族政策

中国是一个多民族国家,搞好民族团结,对维护国家统一、安定具有非常重要的意义。新中国成立后,为促进少数民族政治、经济、文化等各项事业的全面发展,中国制定了一系列民族政策,主要有:

(一)坚持民族平等,维护民族团结,巩固和发展社会主义民族关系

《中华人民共和国宪法》规定:"中华人民共和国各民族一律平等。国家保障各少数民族的合法的权利和利益,维护和发展各民族的平等团结互助和谐关系。禁止对任何民族的歧视和压迫,禁止破坏民族团结和制造民族分裂的行为。"

(二)实行民族区域自治制度

民族区域自治制度是中国共产党和中国政府解决国内民族问题的一项基本政策,也是国家的一项基本政治制度,是在国家的统一领导下,在各少数民族聚居的地方实行民族区域自治,设立自治机关,行使自治权,使少数民族人民当家作主,自己管理本自治地方的内部事务。

(三)发展少数民族地区经济文化事业

国家根据民族地区的实际情况,制定和采取了一系列特殊的政策和措施,帮助、扶持民族地区发展经济,并动员和组织汉族发达地区支援民族地区。

(四)培养少数民族干部

大力培养少数民族干部,是实行民族区域自治、解决民族问题的关键。

(五)发展少数民族科教文卫等事业

在发展少数民族教育事业、科技事业、卫生事业和繁荣少数民族文化政策方面,国家采取了许多特殊措施,如:重点培养、培训少数民族科技人员,在普通高等院校有计划地招收少数民族学生或举办民族班;帮助少数民族和民族地区引进人才和先

进技术设备,改造传统产业和传统产品,扶植提高传统科技,提高经济效益等。

### (六) 使用和发展少数民族语言文字

中国各民族都有使用和发展自己语言文字的自由和权利。《中华人民共和国宪法》规定:"各民族都有使用和发展自己的语言文字的自由。""民族自治地方的自治机关在执行职务的时候,依照本民族自治地方自治条例的规定,使用当地通用的一种或者几种语言文字。"

### (七) 尊重少数民族风俗习惯

中国各少数民族都有自己的风俗习惯,表现在服饰、饮食、居住、婚姻、礼仪、丧葬等多方面。国家尊重少数民族的风俗习惯,少数民族享有保持或改革本民族风俗习惯的权利。

### (八) 尊重和保护少数民族宗教信仰自由

《中华人民共和国宪法》规定:"中华人民共和国公民有宗教信仰自由。任何国家机关、社会团体和个人不得强制公民信仰宗教或者不信仰宗教,不得歧视信仰宗教的公民和不信仰宗教的公民。国家保护正常的宗教活动。任何人不得利用宗教进行破坏社会秩序、损害公民身体健康、妨碍国家教育制度的活动。宗教团体和宗教事务不受外国势力的支配。"

# 第三节　中国的语言文字

中国是一个历史悠久的多民族国家,56 个民族共有 130 多种语言,约 30 种文字。普通话和规范汉字是国家通用语言文字,也是中华民族通用的语言文字。

## 一、汉语、方言和普通话

### (一) 汉语

语言是人们最重要的交际工具,具有社会性和民族性的特点,大多数情况下,每个民族都有属于自己的语言和文字。在中国,汉民族使用的语言、文字就是我们常说的汉语、汉字。除了汉族使用汉语外,回族、满族现在也基本使用或转用汉语,其他各民族也都有自己的语言,蒙古族、壮族、维吾尔族、藏族等这些人口较多的民族还有自己的文字。

汉语是世界上使用人数最多的语言,也是联合国 6 种正式工作语言之一。(另外 5 种工作语言是英语、法语、俄语、西班牙语和阿拉伯语。)

在人类历史发展过程中,汉语和汉字曾随着人们交流的步伐,传播到日本、朝鲜、越南等国家,形成了汉字文化圈。这些国家的很多古代历史文献都是用汉字记录的。汉语和汉字对亚洲历史发展、文明进程产生了积极而深远的影响。

(二) 方言

现代汉语有普通话和方言之分。除了全国通用的普通话,不少地方还有自己的地方性语言,这就是我们所说的方言。汉语方言通常分为七大方言:北方方言、吴方言、湘方言、赣方言、客家方言、粤方言、闽方言。客家方言、粤方言、闽方言等随着华侨传到海外,也在不少海外华人圈中使用。

(三) 普通话

普通话以北京语音为标准音、以北方话为基础方言、以典范的现代白话文著作为语法规范。普通话是规范化的、中国法定的全国通用的语言。2000 年,《中华人民共和国国家通用语言文字法》确立了普通话和规范汉字作为国家通用语言文字的法律地位。

《中华人民共和国宪法》规定:"国家推广全国通用的普通话。"自 1998 年起,每年 9 月的第三周是全国推广普通话宣传周。在中国这样一个多民族、多语言的国家推广普通话,对促进不同地区和民族之间的经济文化交流,维护民族团结和国家统一,推动经济发展和社会进步具有重要意义。

## 二、汉字

(一) 汉字的起源

汉字是记录汉语的文字,是世界上最古老的文字之一,约有 6 000 年的历史。关于汉字的起源,在中国历史上流传着"仓颉造字"的说法。仓颉,据说是黄帝的史官,相传他观察鸟兽的足迹后受到启发,创造出了象形的汉字。实际上,汉字是人们为了满足日益复杂的交际的需要,在原始画画记事的基础上共同创造出来的。

古人们是用什么方法创造出这么多汉字的呢? 他们主要使用了 6 种方法,就是所谓的"六书":象形、指示、会意、形声、假借和转注。一般认为,象形、指示、会意、形声是造字法;假借和转注是用字法。

举例来说,现代汉字"山"在甲骨文中写作"ᚔ",就像山峰的样子,这是象形的造字方法,用线条或笔画,描摹出事物的外形。现代汉字"休"是一个会意字,在甲骨文中写作"",这个字左边是人,右边是木,两部分合在一起表示一个人在靠着树休息。

（二）汉字的发展演变

汉字是记录汉语的书面符号,同时也是中华文化最重要的载体,为中华文化薪火相传作出了重要贡献。汉字在殷商时期就形成了完整的文字体系,经历了甲骨文、金文、小篆、隶书、楷书等多种形体变化,逐渐演变为现代汉字。

**甲骨文**　甲骨文是通行于殷商时代、刻写在龟甲或兽骨上的文字。它们在地下埋藏了 3 600 多年,直到清朝末年才被人们发现和研究。甲骨文是迄今为止中国发现的年代最早的成熟文字系统,是汉字的源头和中华优秀传统文化的根脉。

**金文**　金文是指殷周时期铸刻在青铜器上的文字。古称铜为金,因而把刻在青铜器上的文字称为金文。因为这种文字在钟和鼎上出现最多,且乐器以钟为多,礼器以鼎为尊,因此金文又称"钟鼎文"。

**小篆**　秦始皇统一六国后,有感于全国文字的繁杂和书体的不一,于是提出"书同文",将文字统一、书体统一。秦始皇命令丞相李斯等人制定笔画规整的小篆,作为通用文字颁行全国。文字的统一,有利于文化的交流与发展。

**隶书**　隶书是适应书写便捷的需要,将小篆加以简化,又把小篆匀圆的线条变成平直方正的笔画而形成的字体。

**楷书**　楷书是汉字书法中常见的一种手写字体风格。楷书结构严整、规矩整齐,是字体中的楷模,所以称为"楷书",是现代通行的汉字手写正体字。

**行书**　行书是在楷书的基础上发展起源的,是介于楷书、草书之间的一种字体统称。

汉字不仅是汉语书写的基本单位,也是承载文化的重要工具。中国古代有大量用汉字书写的典籍,还产生了诗词、对联等文化成果,并形成了独特的汉字书法艺术。

目前,汉字有繁体字和简体字之分。简体字是现代中文的一种标准化写法,主要在中国大陆、新加坡以及东南亚一些国家的华人社区使用。繁体字一般是指 1956 年汉字简化运动前中国及世界各地华人通用的标准汉字,目前主要在中国港澳台地区和其他国家的华人社区中使用。

**？想一想**

1. 你的国家存在人口问题吗？根据你的了解说一说你们国家是怎么解决这些问

题的。

  2. 中国有多少个民族？请至少说出 5 个民族的名称。

  3. 中国采取了哪些民族政策来维护国家统一？

  4. 历史上汉字经历了哪些形体变化？

# 第四章 中国的哲学思想与宗教文化

中国的哲学思想和宗教文化源远流长,博大精深。儒家、道家等哲学思想体系,对中国乃至东亚地区的文化发展产生了深远影响。这些哲学思想不仅塑造了中国人的世界观和价值观,也深刻影响了中国的政治、教育、艺术等领域。

与此同时,诞生自中国本土的道教、外来的佛教等不断与本土文化融合,形成了具有中国特色的宗教文化现象。中国的哲学与宗教文化不仅丰富了人们的精神世界,也为解决现代社会问题提供了智慧和启示。

## 第一节 儒家思想及代表人物

先秦时期是儒学创立与形成时期,这一时期儒家的代表人物是孔子、孟子和荀子。

### 孔子(前551—前479)

儒家思想的创始人是孔子,名丘,字仲尼。"子"是古代对成年男子的尊称。孔子儒家思想的主要内容有"礼"和"仁"。

"礼"指的是周礼,即周朝的典章、制度、仪节、习俗。礼有两个重要原则。其一是尊尊,就是保持低贱者对尊贵者的尊崇,是等级制和君主制原则。其二是亲亲,即对亲人的爱,它包含父慈子孝、兄友弟恭,是宗法制原则。"礼"作为中国封建社会的道德规范和生活准则,对中华民族精神素质的培养起了重要作用,但在封建社会后期,它越来越成为束缚人们思想和行为的绳索,影响了社会的进步和发展。

"仁"有两层意思,一是把别人当作人,做到"仁爱""爱人";二是把自己当作人,在行动和道德上一切依据周礼约束自己,做到"克己复礼",体现的是一种道德自觉。"仁"是孔子在研究如何解决当时社会动荡、战争不断、人民困苦等问题时不断思考的结果,对后世影响深远。"仁"体现在教育思想和实践上是"有教无类",不论出身贵贱都可以接受教育;"仁"体现在政治上是强调"德治",要求统治者以高尚的道德修养来实现良好的社会秩序。

孔子的"礼"和"仁"既是社会政治概念,又是伦理道德概念,它们相辅相成、不可分割。

孔子的思想涵盖政治、道德、教育、宗教、艺术等多个方面。因贡献巨大,孔子被后世尊崇为"万世师表""至圣先师",称为"圣人"。

### 孟子(约前372—前289)

先秦儒家的另一个代表人物是孟子,名轲,战国时期邹国人。

在社会政治观点方面,孟子进一步发展了孔子"仁"的思想,提出"仁政""王道"的理论,即君主要以爱人之心对待人民,轻徭薄赋,减少刑罚,与民休戚。同时他又提出"民贵君轻"的主张,认为君主必须重视人民,如果君主有错,臣下谏之不听,臣民则可以起来诛灭这个暴君。他反对用兼并战争去征服别的国家,而主张应该行仁政,争取民心的归附,以不战而服,这样就可以无敌于天下,也即他所说的"仁者无敌"。

在价值观方面,他强调舍生取义。"生,亦我所欲也;义,亦我所欲也。二者不可得兼,舍生而取义者也。"强调要以"礼义"来约束自己的一言一行,不能为优越的物质条件而放弃礼义。

在人性方面,孟子主张性善论,这是他"仁政"思想的理论依据。

孟子因其在儒家思想方面的贡献,被称为"亚圣",与孔子并称"孔孟"。

### 荀子(约前313—前238)

荀子名况,战国末期赵国人。

在自然观方面,荀子是唯物主义的,他认为"天命""天道"的运行有自己的规律,这一规律不依赖于人间的好恶而发生变化。"天行有常,不为尧存,不为桀亡。"与其迷信天的权威,不如利用自然规律为人服务。

在道德观方面,荀子主张"性恶论",认为后天的环境和经验对人性的改造起决定性的作用,普通人经过后天的努力也可以成为君子、圣人。如果说孟子的"性善论"注重道德修养的自觉性,那么荀子的"性恶论"则强调道德教育的必要性,二者既相对立,又相辅相成,对后世人性学说产生了重大影响。

在社会历史观方面,荀子认为礼法并重、礼法并用,做到"无功不赏、无罪不罚",两者结合才能实现治理效果。他的治国救世思想在历史上产生了深远的影响。

**儒学与当今世界**

**"仁"的思想** 和平与发展是当今时代的主题,维护世界和平,促进共同发展,就要从思想上确立和平发展的理念。儒学中有关热爱和平、反对战争的思想深深嵌入了中华民族的精神世界,并发展成为中国处理国与国关系的基本准则。

**"天下为公"的思想** 儒家注重从人性和人的价值出发,考虑人与人之间、家与家之间、国与国之间的关系,向往并追求"大道之行,天下为公"的社会理想。"天下为公"的社会理想,也是中国提出构建人类命运共同体理念的理论来源之一。

**"推己及人"的思想** 在处理两两相对的关系时,孔子特别注重要有"一"的思维和整体的观念,要有忠恕之道,推己及人,强调"己所不欲,勿施于人""己欲立而立人,己欲达而达人"。近代以来,中华民族和中国人民遭受了前所未有的苦难,对战争带来的苦难有着刻骨铭心的记忆。中国永远不会把自身曾经经历过的悲惨遭遇强加给其他民族。反对霸权主义和强权政治、维护世界和平,是中国外交政策的基本方针。中国发自内心地期待同世界各国人民共谋和平、共护和平、共享和平。

**"和而不同"的思想** 求"和"而不求"同"的"和而不同"的思想是儒家处世的一个重要态度。"和而不同"的重点在"和",同时承认差异,强调对差异的理解与尊重:即使双方在某一局部的分歧将长期存在,甚至有激化的可能,但另一方面,双方也在众多领域具有广泛的合作基础,应管控分歧,求同存异,打造"君子和而不同"的关系。同样,世界文明是多样的,我们应该维护各国各民族的文明多样性,进行文明学习借鉴,承认和尊重各自的文明成果。

# 第二节　道家思想及代表人物

道家思想与儒家思想一样,是中国古代一种思想流派,产生于春秋战国时期。道家用"道"来探究自然、社会、人生之间的关系。

## 老子(约前571—前471)

老子是道家思想创始人和主要代表人物,他姓李名耳,春秋末期人。

老子认为,"道"是天地万物存在的本原,万事万物由"道"派生而来。

老子认为,"道"的核心是"无为",一切顺其自然,以达到"无为而无不为"。"无为而无不为"是支配天地万物之最根本规律,是个人安身立命之根本法则,是王侯治理国家的根本手段和方法。在做事和修身上,讲求"不争、尚柔",懂得适可而止和知足,不与人争。在政治上,要求统治者"无为而治",顺其自然,不横征暴敛、滥用民力和违背农时,通过"无为"达到"无不为"的效果。

老子的成就主要体现在《道德经》一书,其观点中还含有朴素的辩证法思想。他认为事物中包含着大小、有无、长短、美丑、强弱、生死等既对立又可相互转化的两方面。老子认为"祸兮福之所倚,福兮祸之所伏",并指出"反者道之动",即矛盾的运动是事物发展的动力。这些思想在中国哲学史上占有重要地位。

### 庄子(约前369—前286)

庄子,名周,战国中期道家学派代表人物,与老子并称"老庄"。

庄子的世界观与老子相同,以"道"为万物的本原,但他认为"道"先于客观事物而存在,是一种超感觉的精神性的东西,人可以通过修养得"道",以摆脱人世间的烦恼。"天地与我并生,而万物与我为一。"

庄子把万事万物都看作相对的,相对主义被运用到人生和处世方面。庄子认为对于生死、祸福等现象不必计较,所以他对待生活的态度应是"依乎天理,因其固然",要"安时而处顺"。

庄子的思想中还有追求人格独立和对个性自由的向往,以及摆脱名利和营造万物和谐的逍遥境界。此外,他的思想还有人与自然和谐相处、尊重自然界的客观规律、反对肆意毁灭掠夺自然的生态环保意义。

### 道教

道教是中国土生土长的宗教,是在原来中国古代道家思想理论的基础上吸收神仙方术、民间鬼神崇拜观念和巫术活动而形成的,对中国古代的政治、经济和文化都产生过深刻的影响。

道教形成于东汉末年。魏晋南北朝是道教走向成熟化、定型化的时期。这一时期涌现出了葛洪、寇谦之、陆修静、陶弘景等一批著名道教领袖人物,从神学理论、组织制度、宗教实践等方面进行改革,使道教发生了从追求救世致太平到追求得道成仙、永生不死的重大转变。

道教在唐朝和北宋时期达到鼎盛。唐朝皇帝与老子同姓,为了使自己的统治蒙上"君权神授"的圣光,便以老子的后代自居,借助所谓"道教教主老子后代"的身份,论证掌握政权的合法性和天意性。道教也借助李唐政权的力量,由备受压制的民间宗教一跃成为国家级的宗教。北宋真宗和徽宗两个皇帝也非常崇信道教。皇帝崇道原因,一是显示自己皇权的正统性,并为王朝统治祈福;二是为了寻求长生不老之术。但崇道怠政反而加速了王朝的灭亡。

明清时期,道教随着中国封建社会进入晚期而日益衰微。

**道教与百姓日常**

道教是一个多神崇拜的宗教,神仙体系繁杂,在其形成过程中,糅合了中国古代的文化传统、民俗信仰和百姓日常,深深扎根于中国普通民众心里,曾经长久地影响着中国的家庭生活和社会生活。

**城隍和土地**　分别是中国民间信仰中的地方守护神,保一方平安。

**灶君(灶王)**　主管一家饮食和祸福,祭灶是中国重要的岁时风俗之一。

**财神**　有文武两种,是中国道教中主管世间财源的神明。

**药王**　供奉神医扁鹊或药王孙思邈,保身体康泰,祛病消灾。

**关公**　纪念的是蜀汉大将关羽,他的忠、义、仁、勇、信、礼、智的精神品质集中了中华民族的传统美德,因其具有掌命运、旺文昌、治病除灾、驱邪避恶等全能神通,多受民间供奉。

**天后**(闽台一带民间称为妈祖)　有平波息浪、救助舟船等神通,是中国古代神话中掌管海上航运的女神。

此外,道教注重养生,对中医、中药的形成也起到了很大的推动作用。

**道教名山**

湖北·武当山

武当山是道教名山和武当武术的发源地。在元末明初,武当道士张三丰创立太极拳,被尊为武当武术的开山祖师。武当山不仅道教文化丰富,有包括金顶、紫霄宫等在内的规模宏大的古建筑群,自然景观也秀丽多姿。武当山古建筑群还入选了《世界遗产名录》。

江西·龙虎山

东汉著名道士张道陵曾在此炼丹,传说"丹成而龙虎现",龙虎山因此得名。龙虎山在中国道教史上有着承先启后、继往开来的地位和作用。龙虎山不仅是道教名山,自然风光也极其秀美,为世界地质公园、世界自然遗产地"中国丹霞"的典型代表。

四川·青城山

青城山是中国的道教名山。东汉时道教文化的重要代表人物张道陵曾来此结茅传道,后虽经历千年风霜,但青城山道脉始终未断。全山的道教宫观以天师洞为核心,至

今完好地保存有数十座道教宫观。可以说,青城山是一座纵横千百年的道教"博物馆"。

# 第三节　佛教在中国的发展

佛教起源于印度,创始人释迦牟尼,原名悉达多·乔达摩,与中国春秋时期的孔子是同时代人。

佛教在创立后的数百年间,从印度次大陆向外传播,在中国的传播分为三大语系:汉语系佛教、藏语系佛教、南传上座部佛教。

汉语系佛教传入中国大部分地区,以大乘佛教为主,称为"北传佛教"。藏语系佛教流行于西藏、云南、四川、青海、新疆、甘肃、内蒙古等省、自治区,属于北传佛教中的藏传佛教系统。而南传上座部佛教又称"巴利语系佛教"(俗称小乘佛教),在中国主要分布于云南省的西双版纳、德宏等地。

## 一、佛教的传入

佛教在传入中国内地之前,已经在西域地区广泛流行。佛教传入内地,流传较广的是一则"白马驮经"的故事。

相传东汉永平年间,汉明帝刘庄于夜晚梦见一位神人,全身金色,项有日光,在殿前飞绕而行。第二天会集群臣,问:"这是什么神?"有学识渊博的大臣回答道:"听说西方有号称'佛'的得道者,能飞行于虚空,神通广大,陛下所梦见的想必就是佛。"汉明帝于是派遣使者赴西域求法,抄得佛经42章,用白马驮着佛像和经卷而回,还有迦摄摩腾、竺法兰两位高僧一同前来传播佛教。汉明帝对他们的到来表示欢迎,还专门为之建立佛寺,命名为"白马寺"。白马寺也是中国内地最早的佛寺。

总之,大约在西汉、东汉交替之际,即公元前1世纪前后,佛教已通过西域地区传入中国内地。

## 二、佛教在中国的成长与兴衰

魏晋南北朝时期是佛教在中国的成长期。这一时期,社会动荡不安,人们感叹命运无常,希望在精神上有所寄托,因此,佛教在这一时期得以迅速传播。

南北朝时期的皇帝,除个别皇帝外,几乎都大力提倡佛教,尤其以南朝梁武帝萧衍提倡佛教最力。唐代诗人杜牧的名句"南朝四百八十寺,多少楼台烟雨中"便是对南朝佛教盛况的生动描写。这里有一个梁武帝4次"舍身"佛寺"为奴"的故事。

据载,南朝梁武帝非常崇信佛教,他亲自下令修建的大型寺院就有10余座,在他的带动下,王公贵族纷纷效仿,一时寺院数量剧增,仅国都建康就有500余座,全国则有2 800余座。最具戏剧性的是,梁武帝曾4次脱下黄袍,放下皇帝身份,穿起法衣,"舍身"佛寺"为奴",自愿为僧众执役,以证自己对佛教信仰的虔诚。可是国不可一日无主,大臣们不得不凑了钱去赎他。梁武帝这样做的目的是借佛教来规范百姓,以巩固他的统治。

隋唐时期,佛学成熟,信徒日众,宗派林立,中外交流频繁,佛教步入繁荣期。隋唐时期中国化佛教宗派的创立,也标志着中国化佛教的基本完成。禅宗是这一时期众多宗派中影响最大的,我们从禅宗的佛理主张来看它的兴起。

禅宗在唐高宗年间分为南北两宗。北宗主张渐悟,强调通过长期坐禅苦修,去染入净,渐悟成佛。南宗主张顿悟,认为佛就在心内,不需背诵佛经和拜佛礼像,一旦豁然自悟,就能立地成佛。偈(jì)语(和尚的唱词)"身是菩提树,心如明镜台,时时勤拂拭,莫使惹尘埃"和"菩提本无树,明镜亦非台,本来无一物,何处惹尘埃"分别是一北一南两宗主张的体现。南宗简单而又速成的成佛方法,使它在唐后期得到广泛发展,取得了禅宗正统地位,几乎垄断了整个佛坛。

唐末、五代有两次"灭佛运动"。之后,中国佛教一蹶不振,元气大伤。宋、元、明、清各朝,由于社会政治条件的改变和思想意识的变化,中国佛教虽有个别时期的相对发展,但整体上逐渐衰落,再也不似从前繁荣兴盛。

### 三、中国佛教文化

佛教传入中国后,经过长期演化,同中国儒家文化和道家文化融合发展,形成了具有中国特色的佛教文化,对中国人的宗教信仰、哲学观念、文学艺术、礼仪习俗等产生了深刻影响。

**佛教藏经**　有石刻、印刷、手写等多种形式的经书,著名的敦煌文书就是以写本卷子为主。

**佛教文学**　佛教在不同时期的发展过程中,衍生出不同的文学题材、作品。如汉魏以后,融华梵为一体的翻译文学成为一种新的文学题材。在唐朝,佛教徒用通俗易懂的语言和故事化叙述手法,连说带唱地向人们宣讲佛教教义的"俗讲"及其文本"变文"，对后世的中国文学发展具有不容忽视的意义。

**佛教音乐**　从内容上看，一类名为法事音乐或庙堂音乐，主要是唱或奏给佛、菩萨、饿鬼听的音乐。另一类是民间佛乐，主要是唱给一般佛徒和普通民众听的音乐。佛教音乐的主要目的是"宣传法理，开导众心"，"远、虚、淡、静"是它的基本特征。

**佛教绘画**　佛教绘画既可以形象地传播佛教教义，又可供佛教徒顶礼膜拜，是引导民众坚定佛教信仰的重要手段。如历经十多个朝代的敦煌壁画就是最具代表性的佛教绘画，是世界上伟大的文化遗产。藏传佛教的绘画艺术可分为壁画和唐卡两类。唐卡也可称为"布画"，是藏传佛教特有的绘画艺术。

**佛教建筑**　佛教建筑的代表是佛寺、佛塔等。从魏晋后开始，佛寺注意到对中国礼制的接受和应用，一般采取方正的轮廓，设置贯穿南北的中轴线，在中轴线上建造主殿。河南洛阳白马寺、陕西宝鸡法门寺、浙江杭州灵隐寺、山西大同悬空寺、河南嵩山少林寺等都是有名的寺庙。而布达拉宫则代表着藏传佛教建筑艺术的最高成就。中国佛塔分布广泛，数量繁多，其中山西应县木塔建于公元 1056 年，距今接近 1 000 年，是现存世界上最古老、最高大的木塔。其他著名的佛塔还有西安大雁塔、苏州虎丘塔、杭州六和塔、北京妙应寺白塔等。

**佛教雕塑**　佛教雕塑是佛教艺术的具体体现，它主要保存于历代开凿的洞窟和兴建的寺院中。中国现有石窟遗存约 100 多处，其中享誉中外的有新疆拜城克孜尔石窟、甘肃敦煌莫高窟、甘肃天水麦积山石窟、山西大同云冈石窟、河南洛阳龙门石窟、河北邯郸响堂寺石窟、重庆大足石窟等。

**佛教四大名山**　在佛教徒参佛修行的过程中，一些名山大寺逐渐成为信仰、修行的中心，中国佛教四大名山便是其中的代表，分别是山西五台山、浙江普陀山、四川峨眉山和安徽九华山。它们分别是文殊菩萨、观世音菩萨、普贤菩萨和地藏菩萨的道场，既是著名佛山，又是风光绝佳的旅游风景区。

想一想

1. 谈谈儒家思想的当代价值。

2. 请谈谈孔子的教育思想。

3. 中国古代的皇帝为什么有的会崇信道教？结果又怎样？

4. 谈谈你所了解的中国佛教文化。

# 第五章　中国当代经济

中国当代经济是全球经济的重要组成部分,以其快速增长和巨大规模而闻名于世。自 1978 年改革开放以来,中国经济实现了跨越式发展。

中国当代经济的发展历程中,制定五年计划、设立经济特区、实施脱贫攻坚等政策和战略发挥了重要作用,成为当代中国发展经济的"密码"。此外,中国积极参与全球经济治理,推动构建开放型世界经济,通过"一带一路"倡议等多边合作项目,加强与世界各国的经济联系。

这些政策和战略的实施,不仅推动了中国经济的快速发展,也为全球经济增长和国际合作提供了新的动力。

## 第一节　改革开放前的经济发展

从 1949 年到 1978 年,是中国改革开放前的 30 年,社会主义制度的确立为国家经济发展提供了制度保障。由于国际国内的政治、经济、社会发展水平等因素的影响制约,新中国前 30 年的发展是一个艰辛探索、曲折发展的过程,但这一时期集中最大力量进行国家建设,国民经济得到了全面恢复,实现了较快的发展,建立了比较完整的工业体系和国民经济体系,以最短的时间筑起国家独立和发展的基石,对改革开放后的社会主义经济建设起到了重要支撑作用。

从经济发展的国际环境来看,这一时期中国基本上被隔离在全球化之外,庞大的人力资源和自然资源无法参与世界分工和国际贸易。在一穷二白、人口众多的条件下开展大规模的经济建设,实现工业化,必须把有限的物力和财力集中起来。农业是恢复国民经济的基础,国家从财政上尽可能多地安排农用资金,优先安排农用物资的生产和供应。在工业方面,国家制定和实施了以恢复和发展国计民生急需的矿山、钢铁、动力和机器制造为重点的一系列措施。1953年,中国开始实施发展国民经济的第一个五年计划,掀起了大规模经济建设高潮,交通、邮电、农田水利等国民经济基础得到了显著加强,改变了中国几千年来以农业为主的经济状况,旧中国的落后产业结构得到了改变,初步奠定了中国社会主义工业化的基础。

同时,在保证农业、工业发展的基础上逐步提高人民的物质和文化生活水平。从公民享受的基本社会保障看,新中国在社会发展方面做出了极大努力,为人民提供了基本医疗、教育与住房等保障。1978年,中国的疫苗接种率和人均预期寿命都高于大部分发展中国家的平均水平,危害人民生命的疟疾等急性传染病基本得到控制。在全国12个省份流行近百年的血吸虫病,已在半数以上流行区基本被消灭。

正是改革开放前的社会主义实践探索为改革开放后的社会主义实践探索奠定了坚实的基础。世界银行等国际经济组织认为,前30年中国的社会人文发展指标总体是较好的,贫困人口的生活水平比大多数其他发展中国家同阶层人的生活水平要高得多,尤其是土地改革、普及识字、扩大医疗保健等政策的实施,为后来的发展打下了良好基础,同时在社会改造、基础设施建设方面做出了极大努力,也卓有建树,对改革开放后的经济增长起到了非常有益的作用。

# 第二节　改革开放后的经济发展

1978年12月召开的中共十一届三中全会开启了中国改革开放和社会主义现代化建设的新时期。中国共产党团结带领全国各族人民,深刻总结了中国社会主义建设正反两方面的经验,做出把党和国家工作中心转移到经济建设上来,实行改革开放的历史性决策。通过全体人民的共同努力和有计划地进行大规模的建设,经济快速发展,人民生活水平大幅提高,国家综合实力显著增强,成功开创了中国特色社会主义。同时,由于中国人口众多,产业间发展不充分,地区间发展不平衡,人均指标仍然较低,与发达国家的差距明显,仍然属于发展中国家。

新时期最鲜明的特点是改革开放。经济体制改革首先从农村突破,实行以包产到户、包干到户为主要形式的家庭联产承包责任制,使农民获得了生产和分配自主权,解放了农村生产力,提高了农民的生活水平。城市经济体制改革首先从局部领域开始探索,主要围绕扩大国营企业经营管理自主权,实行工业生产经济责任制,鼓励发展城镇多种经济和培育社会主义市场体系等展开。对外经济往来中,开展对外贸易是最主要的形式,吸收各种形式的外资是重要举措。在对外开放中,形成了全方位、多层次、宽领域、有重点、点线面结合的格局,其中创办经济特区是重大突破,这是中国推进改革开放和社会主义现代化建设的伟大创举。经历 15 年艰难的"复关"和"入世"的谈判,中国于 2001 年 12 月 11 日正式成为世界贸易组织的第 143 个成员,进一步推动了"引进来"和"走出去"的发展战略,标志着中国对外开放进入了一个新的阶段。

改革开放以来,中国经济在保持平稳较快增长的同时,长期积累的结构性矛盾和粗放型经济增长方式尚未根本改变,能源、资源、环境、技术的瓶颈制约日益突出,实现可持续发展压力增大。面对国内外错综复杂的经济形势,中国做出转变经济增长方式,走新型工业化道路,实施可持续发展战略,提高自主创新能力,建设资源节约型、环境友好型社会的重大决策。2010 年中国国内生产总值首次超越日本,成为仅次于美国的世界第二大经济体,美国的《华尔街日报》用"一个时代的结束"来形容这一历史性时刻。近年来,中国坚持贯彻创新、协调、绿色、开放、共享的新发展理念,坚持稳中求进的工作总基调,大力实施创新驱动发展战略,以供给侧结构性改革为主线,着力优化经济结构,推进现代化经济体系建设,引领中国经济由高速增长阶段向高质量发展阶段转变。

当今世界正经历百年未有之大变局。变革会催生新的机遇,中国提出的"一带一路"倡议成为共同发展繁荣的全新国际合作模式。2017 年 3 月,联合国安理会一致通过第 2344 号决议,呼吁国际社会通过"一带一路"建设加强区域经济合作。2017 年 1 月 18 日,中国国家主席习近平在联合国日内瓦总部发表题为《共同构建人类命运共同体》的主旨演讲,系统阐述了关于构建人类命运共同体的主张。中国提出的开辟一条合作共赢、共建共享发展之路的人类命运共同体理念,正在被越来越多的国家所接受,且产生了日益广泛而深远的国际影响,为世界经济发展指明了出路,为世界和平与发展作出了重大贡献。

**知识链接**

1. 可持续发展战略:是指开创一条使国民经济和社会发展逐步走上良性循环的道路,其核心是实现经济社会和人口、资源、环境协调发展。

2."复关"和"入世"谈判：1986年7月，中国政府作出申请恢复关贸总协定缔约国地位的决定。1995年关贸总协定改为世界贸易组织，此项谈判随之变为中国加入世贸组织的谈判。

# 第三节　中国经济奇迹的"密码"

中国共产党领导是中国特色社会主义最本质的特征，是中国特色社会主义制度的最大优势。中国经济腾飞的事实启示我们：正是中国共产党的集中统一领导，充分发挥集中力量办大事的制度优势，中国才能成功应对一系列重大风险挑战，克服无数艰难险阻，成功解锁中国经济发展奇迹的"密码"，带领14亿多中国人民坚定不移地走中国特色社会主义道路。

## 一、制定五年规划

"五年规划"（原称"五年计划"）是"国民经济和社会发展五年规划纲要"的简称。

"五年规划"是中国国民经济和社会发展的一个中长期计划，主要是为国民经济和社会发展远景规定目标和方向，对国家重大建设项目、生产力布局、国民经济重要比例关系和社会事业等作出规划，是中国社会和经济发展中非常重要的宏观管理工具。新中国成立以来，中国一直坚持制定实施"五年规划"，从1953年到2020年，已实施了13个"五年规划"。对"五年规划"的坚持和完善，是中国能够发生翻天覆地变化的重要原因，也是坚持和完善中国特色社会主义制度、推进国家治理体系和治理能力现代化的一项重要内容。

"五年规划"是占世界总人口五分之一的中国开始的一项前所未有的伟大实践，以其神奇的力量带给中国和世界越来越多的惊喜，诠释着中国制度和中国之治独特而巨大的魅力。2016年，诺贝尔经济学奖得主迈克尔·斯宾塞在中国"两会"召开前夕接受新华社记者采访时说，坚持制定五年规划让中国受益匪浅，这一经验值得西方学习。

## 二、设立经济特区

经济特区，即实行开放的经济政策、灵活的经济措施和特殊的经济管理体制的地区。

经济特区是中国利用境外资金、技术、人才和管理经验发展经济的重要手段，主要是以外向型经济发展为目标，以减免关税等优惠经济措施为手段，通过营造良好的营商投资环境，鼓励和吸引外商进行投资，引进和学习先进的生产技术和管理方法，目的是建立一种灵活而有效地适应国际市场规律的可借鉴和推广的经济体制，实现区域经济的快速发展，最终带动整个国家经济的发展。

经济特区的设立标志着中国"对内改革 对外开放"政策的深入发展。1979 年 7月，中国先后在广东省的深圳、珠海、汕头和福建省的厦门试办出口特区。1980 年 5月，将出口特区改称为"经济特区"。1984—1985 年，开放 14 个沿海港口城市和 3 个沿海经济开放区。1988 年，海南全岛成为经济特区。1992 年，上海浦东新区等国家级新区相继建立并逐步发展壮大，进一步丰富了经济特区的形式和内涵，进一步扩大了中国对外开放的广度和深度。

中国的经济改革开放遵循了从"点"到"线"再到"面"的发展路径，形成了"经济特区—沿海开放城市—沿海经济开放区—内地"的逐步推进格局，而深圳就是中国经济特区发展的缩影腾飞的"起点"。1978 年，深圳还是一个毗邻香港的小渔村，经过 40多年的高速发展，创造了举世瞩目的"深圳速度"，已经成为拥有近 2 000 万人口的国际化大都市，是全国性的经济中心、区域金融中心、商贸物流中心，也是全球最具活力的科技创新中心，涌现出了华为、大疆、比亚迪、腾讯等具有创新性、竞争力的世界级企业，被誉为"中国硅谷"。

经济特区在中国经济体制改革中发挥了"试验田"作用，为带动其他地区的经济发展探索出了适合中国国情的改革之路，也为改革开放培养了大批经济建设人才。所以，经济特区不仅具有中国特色，而且具有国际创新意义，它搭建了中国走向世界的平台，也为世界提供了了解中国的"窗口"。

### 三、加入世界贸易组织

世界贸易组织与世界银行、国际货币基金组织并列为现今全球最具广泛性和影响力的三大国际经济组织。

2001 年 12 月 11 日，经过了长达 15 年的艰苦谈判和不懈努力，中国正式成为世界贸易组织的第 143 名成员，这是中国改革开放和现代化建设进程中的一个重要里程碑。

加入世界贸易组织后,中国创造了更加稳定、透明、可预期的国际经贸环境,在全球经济体系中的地位持续提升,国内外投资者对中国参与国际分工、发展对外经贸合作的信心明显增强。20多年来,中国经济总量从世界第6位上升到第2位,货物贸易从世界第6位上升到第1位,服务贸易从世界第11位上升到第2位,利用外资稳居发展中国家首位,对外直接投资从世界第26位上升到第1位。

加入世界贸易组织后,中国全面遵守和执行世界贸易组织规则,取消非关税壁垒,大幅度降低关税水平,关税总水平由15.3%降至7.4%,低于9.8%的入世承诺。可以说,加入世界贸易组织是中国改革与开放相互促进、国内与国际经济协同发展的一个经典案例。

20多年来,中国积极参与全球经济治理体系改革与规则的制定,多边经贸规则覆盖面大大拓展,全球产业链供应链更加完整,中国对世界经济增长的贡献连续多年达30%左右,成为世界经济的"发动机",获得了国际社会的广泛认可。

## 四、推动区域协同发展

区域协同发展是推动和实现中国经济发展与社会和谐的重要内容与途径。

为了进一步解决经济发展中存在的区域发展不协调不平衡问题,中国先后做出了西部大开发、振兴东北老工业基地、促进中部地区崛起、鼓励东部地区率先发展、加快建设海峡西岸经济区、推进海南国际旅游岛建设等重大决策部署,进一步布局和推动了区域经济的协调发展。

以西部大开发为例,开发范围主要包括12个省级地域和3个地级市行政区,涉及685万平方千米。西部大开发战略将基础设施建设确定为重点。自2000年起,不断加大对西部地区的交通、水利、能源、通信、市政等基础设施建设的支持力度,青藏铁路、西气东输、西电东送、国道主干线西部路段、大型水利枢纽等一批重点工程相继建成,完成了"送电到乡""油路到县"等建设任务,彻底改变了西部地区信息闭塞状况,使物流更为通畅,人员出行更为便捷,西部地区迎来了历史上经济发展最快的时期。

目前,区域协同发展主要表现在区域增长格局发生积极变化,区域协调发展机制逐步建立,区域发展协调性不断增强。首先,贫困地区与部分欠发达地区发展状况明显改观。特别是一些困扰多年的民生问题得到解决,区域经济实现了较快发展。同时,东中西部发展相对差距逐渐缩小,区域增长格局发生历史性转变。此外,区域间合作与联动也日益增强,一批具有竞争力的城市群、城市带和城市圈加快形成,区域一体化进程也不断加快。

> **知识链接**
>
> 　　西部大开发范围:重庆、四川、贵州、云南、西藏、陕西、甘肃、青海、宁夏、新疆、内蒙古、广西、吉林延边、湖北恩施、湖南湘西。

## 五、提出"一带一路"倡议

"一带一路"是"丝绸之路经济带"和"21世纪海上丝绸之路"的简称。

2013年9月和10月,中国国家主席习近平在出访哈萨克斯坦和印度尼西亚时先后提出共建"丝绸之路经济带"和"21世纪海上丝绸之路"的重大倡议,得到了沿线国家和国际组织的积极响应,受到国际社会广泛关注,影响力日益扩大。截至2022年12月7日,中国已与150个国家、32个国际组织签署200余份共建"一带一路"的合作文件。

"一带一路"旨在借用古代丝绸之路的历史符号,高举和平发展的旗帜,以政策沟通、设施联通、贸易畅通、资金融通、民心相通为重点,跨越不同国家地域、不同发展阶段、不同历史传统、不同文化宗教、不同风俗习惯,积极发展与沿线国家的经济合作伙伴关系,共同打造政治互信、经济融合、文化包容的利益共同体、命运共同体和责任共同体,最终目标是推动构建"人类命运共同体"。

"一带一路"沿线各国资源禀赋各异,经济互补性较强,彼此合作潜力和空间很大。共建"一带一路"倡议以共商共建共享为原则,是经济合作之路,是和平发展之路,更是合作共赢之路。2015年3月,中国发布了《推动共建丝绸之路经济带和21世纪海上丝绸之路的愿景与行动》。2017年5月,首届"一带一路"国际合作高峰论坛在北京成功召开。中国还先后举办了博鳌亚洲论坛年会、上海合作组织青岛峰会、中非合作论坛北京峰会、中国国际进口博览会等。

随着"一带一路"倡议从面向亚欧非大陆国家发展成为向所有伙伴开放,"和平合作、开放包容、互学互鉴、互利共赢"的丝路精神已深入人心,已经从理念转化为行动,从愿景转化为现实,从倡议转化为全球深受欢迎的公共产品和国际合作平台。

### 六、实施脱贫攻坚

消除贫困是千百年来中华民族梦寐以求的夙愿。改革开放以来,中国共产党团结带领全国各族人民实施了大规模、有计划、有组织的人类历史上规模最大、力度最强、影响最广的脱贫攻坚战。全国累计选派25.5万个驻村工作队、300多万名第一书记和驻村干部,与近200万名乡镇干部和数百万村干部一道奋战在贫困一线。最终取得了令全世界刮目相看的重大胜利,走出了一条中国特色减贫道路。在脱贫攻坚工作中,坚持发挥社会主义制度集中力量办大事的优势,形成脱贫攻坚的共同意志、共同行动;各行各业发挥专业优势,开展产业扶贫、科技扶贫、教育扶贫、文化扶贫、健康扶贫、消费扶贫;坚持精准扶贫方略,坚持开发式扶贫方针,实现由"输血式"扶贫向"造血式"帮扶转变,用发展的办法消除贫困根源。

自2017年以来,中国平均每年1 000多万人脱贫,相当于一个中等国家的人口。贫困人口收入水平显著提高,全部实现"两不愁三保障"。

2021年,中国脱贫攻坚战取得了全面胜利,消除了绝对贫困和区域性整体贫困,现行标准下近1亿贫困人口实现脱贫,创造了人类反贫困史上的中国奇迹,在中华大地上全面建成了小康社会,极大增强了人民群众的获得感、幸福感、安全感。

中国提前10年实现了联合国确定的减贫目标,取得了脱贫攻坚工作的重大历史性成就,解决了西方国家几百年也没能完全消除的绝对贫困问题,为人类减贫事业作出了历史性贡献,为全球减贫事业提供了中国智慧和中国方案。

**知识链接**

> 两不愁三保障:不愁吃、不愁穿,义务教育、基本医疗和住房安全有保障。

### 七、支持创新创业

"创新创业"是指基于技术创新、产品创新、品牌创新、服务创新、商业模式创新、管理创新、组织创新等方面的创新而进行的创业活动。

创新是一个民族进步的灵魂,是一个国家兴旺发达的不竭动力。2014年9月,在天津召开的夏季达沃斯论坛开幕式上,时任总理李克强首次提出,要借改革创新的"东风",在960多万平方千米的土地上掀起"大众创业""草根创业"的浪潮,形成"万众创新""人人创新"的新态势。"大众创业、万众创新"上升为中国的国家战略之后，在全国范围内掀起了一股创业创新的风潮。从中央政府到地方政府陆续出台一系列优惠政策支持大学生开展创业创新实践。

青年是国家的未来，是民族的希望，也是创新创业中最富有朝气的有生力量。针对青年学生开展的中国国际大学生创新大赛通过聚焦"五育"融合创新创业教育实践，激发青年学生创新创造热情，打造共建共享、融通中外的国际创新创业盛会，吸引了众多海内外青年踊跃参赛，来华留学生通过"国际赛道"也积极参与到大赛之中。

当前，众多优秀创新新星和创业人才在大学生创新创业大赛中脱颖而出，开启了"我敢闯，我会创"的创新创业新征程，并积极投身于中国改革开放的宏大事业，融入世界经济全球化发展的大潮。

**知识链接**

"五育"教育：开展德育、智育、体育、美育和劳动教育，既是全面落实中国共产党的教育方针，也是促进学生全面发展、成长成才的重要举措。

**想一想**

1. 谈谈你对改革开放后中国经济发展的认识和了解。

2. 什么是"一带一路"倡议？

3. 谈谈你对中国脱贫攻坚战略的认识。

4. 在你的国家有哪些促进国家发展的经济政策？

# 第六章　中国科技发展

"科学技术是第一生产力。"在古代,中国的科学技术在很长一段时间都处于世界领先地位,对世界文明发展产生了深远影响。封建社会中后期开始,中国科技发展缓慢,直到中华人民共和国成立后,中国的科技才重新焕发生机活力,取得显著进步。

## 第一节　古代"四大发明"

中国古代的四大发明包括造纸术、印刷术、指南针和火药,是中国古代最具代表性的科技成果,是中国成为文明古国的标志之一。四大发明不仅对中国古代的政治、经济、文化发展产生了巨大的推动作用,也对世界文明发展产生了深远影响。

### 一、造纸术

西汉时期,出现了世界上最早的纸,用大麻和少量苎麻做成,但是这种纸制作技术简单,非常粗糙,不利于书写。东汉的蔡伦在已有经验基础上,改进了造纸的方法,造出的纸被誉为"蔡侯纸"。"蔡侯纸"用麻头、破渔网、破布、树皮等作为原材料,大大降低了造纸成本,提高了纸张的质量,得到广泛使用。中国的造纸术经过各朝各代的不断改良和创新,质量越来越好,种类越来越多。中国的造纸术相继传到朝鲜、越南、日本、阿拉伯地区、欧洲等世界各地,为世界教育的发展、文化的交流和传播作出了杰出贡献。在中世纪的欧洲,据说抄一本《圣经》要用300多张羊皮,文化的传播受到极大限制。纸的发明为当时欧洲教育、政治、商业等蓬勃发展提供了极为有利的条件。

## 二、印刷术

造纸术发明后，虽然解决了文字书写的载体问题，但在印刷术发明之前，所有的文字材料都靠手抄，书籍复制速度非常慢。中国造纸技术的发展、石碑拓印和印章雕刻工艺的发达，为印刷术的发明创造了条件。唐代中期，雕版印刷术问世，虽然大大提高了复制效率，但缺陷在于每印刷一份内容就要雕刻一块雕版，印刷耗材耗力，缺乏灵活性。北宋庆历年间，毕昇发明了泥活字，开启了活字印刷时代。毕昇用胶泥烧制成如印章一样的汉字印，这样就可以根据印刷内容对汉字印进行排列组合。这种印刷方法灵活，节省了劳动力和材料，提高了印刷的效率。元朝时，王祯制作了木活字，明清时代还出现了锡、铜、铅等金属活字，印刷技术越来越成熟。活字印刷术发明后，陆续传到朝鲜、日本、波斯、阿拉伯地区、埃及、欧洲等世界各地。印刷术传到欧洲后，为欧洲科学技术的迅猛发展以及文艺复兴运动的出现提供了重要的物质条件。

## 三、指南针

指南针是一种指示方向的仪器，根据磁石指示南北的特性制造。战国时期，人们利用磁石指示南北的磁学原理，把天然磁石磨成勺状，制成了指示方向的仪器——司南。南朝时期，对司南进行改良，发明了指南针。后来，经过改良和革新，制造出更为先进的罗盘，可以更精确地表示方向。

指南针的发明取代了参照日、月、星等古老的辨别方位的方式，被广泛用于航海、地质勘探、旅行、军事、生产及日常生活的各个方面。指南针的发明，对航海业的发展具有划时代的意义，中国的郑和下西洋、哥伦布发现美洲新大陆和麦哲伦的环球航行，都是在指南针发明后才得以开展，大大加速了世界文明的发展进程。

## 四、火药

火药发明于隋朝时期，它的发明与古代道家追求长生不老有着密切关系。道士们在炼制丹药的过程中偶然发现了火药的配方。火药发明后，很快被用在其他领域。唐朝末年，火药已被用于军事领域，出现了火炮、火箭。北宋时期，火药在军事上大量使用，还被用于开山、修路以及制造节日燃放的烟花爆竹等等。火药和火药武器发明后，火药由商人经印度首先传入阿拉伯地区，然后传到希腊和欧洲各国。火器在欧洲

城市市民反对君主专制、摧毁封建堡垒中发挥了巨大作用,是欧洲文艺复兴的重要支柱之一,大大推进了欧洲历史发展的进程。

# 第二节　古代的其他科技

中国古代有许多令人引以为豪的发明创造,除了"四大发明",在数学、农业、冶炼、天文历法、陶瓷等众多领域都取得了开创性成就。中国古代科技源于生产生活,生产生活的需求促进了科学技术的进步和提升。

## 一、数学

中国是数学的发源地之一。中国的数学在两汉时期、魏晋南北朝时期和宋元时期取得了诸多举世瞩目的成就,在世界数学史上占有重要地位。

（一）十进位计数方法

中国是最早采用十进位计数方法的国家之一。中国从原始社会开始就慢慢形成了十进位计数方法,到了商代已经有万位数字,商代的甲骨文中已经有了"十、百、千、万",万位以上的大数在春秋战国时期已有记录,如亿、兆、京等。古代世界各国曾经有十、十二、二十、六十等多种进位制。在有记载的历史中,古代中国的甲骨文数字和算筹数字都采用了十进制。现在世界各国统一使用的也是十进位制。

（二）圆周率

东汉时期的张衡给球体定名为"浑",研究球的体积,计算出圆周率（π）的值为10 的开平方,约为 3.162,这是中国第一个用理论求得的圆周率的值。魏晋时期的刘徽用割圆术计算圆周率,首先从圆内接六边形开始割圆,每次边数倍增,算到 3 072 边形的面积,得到 π＝3 927/1 250＝3.141 6,称为"徽率"。南北朝时期的祖冲之在刘徽计算圆周率的方法上,首次将圆周率精算到小数点后第七位,即在 3.1 415 926 和 3.1 415 927 之间,称为"祖率"。祖冲之对圆周率数值的精确计算领先世界近 1 000 年,对中国乃至世界是一个重大贡献。

（三）珠算

算盘是中国古代劳动人民发明创造的一种简便的计算工具。珠算是依托算盘而进行数字计算的一种方法。东汉时期杰出的数学家刘洪（约 129—210）是珠算的发明者,被称为"算圣"。大约在元代中叶,中国开始出现现代珠算;明代以来,珠算极为盛行。由于算盘制作简单,价格便宜,珠算口诀便于记忆,运算又简便,所以珠算在中国得到普遍使用,并且陆续流传到了日本、朝鲜、东南亚、美国等国家和地区。虽然现在已经进入了电子计算机时代,但是古老的算盘仍然发挥着一定的作用。珠算除了运算方便以外,在打算盘过程中需要脑、眼、手的密切配合,是锻炼大脑思维能力的一种好方法。2013 年 12 月,中国珠算被联合国教科文组织列入《世界非物质文化遗产名录》。

## 二、水利技术

中国古代水利技术与农业密切相关,是农业的命脉,有很高的成就。"大禹治水"的故事从侧面说明中国人从远古时代就开始了大规模的治水活动。中国历代王朝都十分重视农业基础建设,兴建公共水利工程。同时,兴修水利不仅直接关系到农业生产的发展,还可以扩大运输,加快物资流通,大力发展商业,推动整个社会经济繁荣。都江堰和灵渠是我国古代水利工程的典型代表,是闻名世界的水利工程。

（一）都江堰

都江堰位于四川省成都市都江堰市城西,坐落在成都平原西部的岷江上,始建于秦昭王末年,两千多年来一直发挥着防洪灌溉的作用,使成都平原成为水旱从人、沃野千里的"天府之国"。至今灌区已达 30 余县市、面积近千万亩,是当今世界上年代最久、唯一留存的以无坝引水为特征的宏大水利工程,凝聚着中国古代劳动人民勤劳、勇敢、智慧的结晶。都江堰不仅是水利工程,还是著名的旅游风景区,2000 年被联合国教科文组织列入《世界文化遗产名录》,2018 年入选世界灌溉工程遗产。

（二）灵渠

灵渠位于广西壮族自治区桂林市兴安县境内,于公元前 214 年凿成通航。灵渠流向由东向西,是世界上最古老的运河之一,有着"世界古代水利建筑明珠"的美誉。灵渠的凿通沟通了湘江和漓江,打通了南北水上通道,连接了长江和珠江两大水系,构成了遍布华东华南的水运网,为秦王朝统一岭南提供了重要的保障。公元前 214 年,即灵渠凿成通航的当年,秦兵就攻克岭南,随即设立桂林、象郡、南海 3 郡,将岭南正式纳入秦王朝的版图。灵渠的修建对巩固国家的统一,加强南北政治、经济、文化的交流,密切各族人民的往来,都起到了积极作用。2018 年,灵渠入选世界灌溉工程遗产。

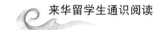

## 三、青铜冶炼技术

中国的青铜冶炼技术是世界上最先进的。中国在夏朝就已开始铸造青铜器,到了商代和西周时期,中国的青铜冶炼和铸造技术已非常成熟,制造了大量精美的青铜器。当时青铜器的使用范围几乎涉及人们生活的各个方面,开启了闻名世界的"青铜文化"时代。

### (一) 后母戊鼎

后母戊鼎又称司母戊大方鼎,是中国商代后期王室祭祀用的青铜方鼎,1939 年 3 月 19 日在河南省安阳市武官村一家农地中出土,现被收藏在中国国家博物馆。后母戊鼎器型高大厚重,高 133 厘米,口长 110 厘米,口宽 79.2 厘米,重 832.84 千克,是中国目前已发现的体积最大、分量最重的青铜礼器。

### (二) 四羊方尊

四羊方尊是中国现存商代青铜器中最大的方尊,属于商朝晚期偏早的青铜器,为礼器、祭祀用品,1938 年出土于湖南宁乡县(今宁乡市),高 58.3 厘米,重近 34.5 千克,现藏于中国国家博物馆,被称为"臻于极致的青铜典范"。

### (三) 三星堆遗址青铜文化

三星堆遗址位于四川省广汉市,距今约 4 500 年至 2 900 年,是迄今在西南地区发现的范围最大、延续时间最长、文化内涵最丰富的遗址,被称为 20 世纪人类最伟大的考古发现之一,证明了长江流域与黄河流域一样,同属中华文明的母体,被誉为"长江文明之源"。

三星堆出土的文物是极为宝贵的人类文化遗产,在中国的文物群体中,属最具历史、科学、文化、艺术价值和最富观赏性的文物群体之一。祭祀坑出土的大量青铜器、金器、玉石器中,最具特色的还属青铜器。三星堆青铜器器型高大,造型生动,结构复杂,以大量的人物、禽、兽、虫蛇、植物造型为特征,创造和打破了许多世界纪录,如:世界上最早、最高的青铜神树;世界上最大、最完整的青铜大立人像,高 262 厘米,重 180 千克,被称为"铜像之王";世界上最大的青铜纵目人像,高 64.5 厘米,两耳间相距 138.5 厘米;世界上一次性出土最多的青铜人头像、面具,达 50 多件。

## 四、瓷器

中国是瓷器的故乡,瓷器是中国古代劳动人民的一个重要创造。瓷器的发展经历了一个非常漫长的历史时期。世界各国人民通过瓷器来了解中华文明,并把中国和陶瓷(china)联系起来。唐三彩、青花瓷、珐琅彩瓷器等让中华文明传遍世界各个角落。

（一）唐三彩

唐三彩是中国古代陶瓷烧制工艺的珍品,是盛行于唐代的一种低温釉瓷器,已有1 300多年的历史,釉彩有黄、绿、白、褐、蓝、黑等色彩,而以黄、绿、白三色为主,所以人们习惯称之为"唐三彩"。唐三彩在陶瓷史上是一个划时代的里程碑,因为在唐以前,大多为单色釉,也有两色釉的并用。而唐三彩的生产则吸取了中国国画、雕塑等工艺美术的特点,制作工艺复杂,器形精美,色彩丰富。唐三彩在唐代时期作为随葬品使用,用于殉葬。随着人们对唐三彩的关注和了解,以及唐三彩复原工艺的发展,在现代,新制作出来的唐三彩被人们用于文房陈设、馈赠亲友。

（二）青花瓷

青花瓷是中国瓷器的主流品种之一,属釉下彩瓷。青花瓷的釉下花纹用氧化钴为原料绘制,烧成后呈蓝色,具有着色力强、发色鲜艳、烧成率高、呈色稳定等特点。中国古代青花瓷,绘画装饰清秀素雅,瓷器底部的文字、图案款识种类繁多,各个时期的款识均有鲜明的时代特征。青花瓷出现于唐宋。明代以来,江西景德镇成为中国瓷业中心,其烧制的青花瓷可以算得上是明代瓷器的代表,烧制工艺达到了中国青花瓷发展的顶峰。

（三）珐琅彩

珐琅彩瓷正式名称应叫瓷胎画珐琅,珐琅彩瓷器的出现是瓷器发展史上的里程碑。珐琅彩绘起源于15世纪中叶欧洲比利时、法国、荷兰三国交界的佛兰德斯地区。中国古代珐琅彩绘兴起于明代,开始是在铜胎上描绘纹饰,以蓝色为背景色,掐以铜丝,填上红、黄、蓝、绿、白等色釉后烧制而成。后来画珐琅的工艺被用于瓷胎上,珐琅彩瓷器于清代康熙年间成功烧制。珐琅彩瓷器是清代皇室自用瓷器中最具特色、釉上彩瓷中最为精美的彩瓷器,集中西风韵于一身,尽显皇家身份的高贵与荣华。

## 五、天文历法

中国是人类文明的发源地之一,也是天文学最早发展的地区之一。中国古代天文学的成就在世界天文学史上占有重要地位,大体可归纳为三个方面:天象记录、历法编订和仪器制作。

（一）天象记录

中国是世界上最早对天文现象进行观测和记录的国家之一。各朝代都设置专门官员或机构进行天文观测，对太阳、月亮、行星、彗星、恒星，以及日食、月食、太阳黑子、日珥、流星雨等罕见的天文现象，都有悠久且大量的记载，有很高的科学价值。在河南安阳出土的殷墟甲骨文中，对天文现象有着丰富的记录，记载了多次日食和月食，是世界上最早、最完整的天象记载。春秋时期，有了世界上首次关于哈雷彗星的确切记录。战国时期，出现了世界上最早的天文学著作《甘石星经》。西汉时期，有了世界上关于太阳黑子的最早记录。

（二）历法编订

相传在夏朝已有历法，所以今天还把农历称为夏历。商朝时使用六十干支纪日，后来用以纪年。魏晋南北朝时期，祖冲之制定《大明历》，最早把岁差引入历法。《大明历》是一部精确度很高的历法。唐朝天文学家僧一行制定的《大衍历》比较准确地反映了太阳运行的规律，系统周密，表明了中国古代历法体系的成熟。元代天文学家郭守敬主持编订《授时历》，并且精确地推断出回归年的长度，一年的周期与现行公历基本相同，但比现行公历早将近300年。

（三）仪器制作

天文仪器是观测天体、演示天象的工具。中国最古老、最简单的天文仪器是土圭，也叫圭表，用来测量日影的长短。除了圭表，还有日晷、漏刻等测量时间的仪器。浑仪是中国古代观测天体位置及运行规律的主要仪器，西汉的落下闳对浑仪进行改制，而后历代都有改进。东汉的张衡创制了世界上第一架利用水力作为动力的浑象。元代的郭守敬先后创制和改进了10多种天文仪器，如简仪、高表、仰仪等。

# 第三节　现　代　科　技

中国古代科技曾在很长一段时间里处于世界领先地位，但从公元16世纪以后，中国的封建社会逐渐衰落，特别是从1840年到1949年间，中国的科技发展缓慢。1949年中华人民共和国成立后，中国政府十分重视科技的发展，科技实力不断增强，在很多领域都取得了令人瞩目的成绩。新中国科技事业的发展，提高了国家的综合实力，促进了经济发展，改善了人们的生产生活条件。

## 一、航空航天技术

### （一）航空技术

近年来，中国航空技术迅猛发展，C919 飞机的成功研制成为中国航空产业发展的"新引擎"。C919 飞机全称 COMAC919，COMAC 是 C919 的主制造商中国商用飞机有限责任公司的英文名称简写；"C"是"COMAC"的第一个字母，也是中国的英文名称"China"的第一个字母；第一个"9"与"久"同音，寓意经久不衰，持久耐用；"19"则代表飞机的最大载客量为 190 座，体现了制造大型客机是国家的意志、人民的期望。C919 飞机是中国第一款完全按照国际先进适航标准研制的单通道大型干线客机，最大航程超过 5 500 千米，与同类型飞机相比，更具安全性、环保性、舒适性。从 1970 年中国首次自行研制的"运十"飞机立项，到 2017 年 C919 的首飞成功，历经 47 个春秋，中国人的"大飞机梦"终于实现。

### （二）航天技术

1970 年 4 月 24 日，中国第一颗人造地球卫星"东方红一号"成功发射，中国人探索太空的序幕从此拉开。中国航天事业的发展经历了从无到有，从弱到强，现在已经跻身世界航天大国行列。

#### 1. 火箭

20 世纪 70 年代开始，中国"长征"系列火箭先后研制成功，中国运载火箭技术不断提升，火箭谱系不断完善，运载能力不断提高，满足了发射大容量应用卫星、载人飞船、空间实验室、大型载荷和空间站舱段的需要。

#### 2. 卫星

中国自 1970 年发射成功第一颗人造卫星后，科学卫星与应用卫星的研制随即开始。此后，在遥感卫星、通信卫星、气象卫星、资源卫星、导航卫星等领域都取得了很大进展，为中国经济和国防建设作出了重大贡献。

#### 3. "嫦娥工程"

中国月球探测工程被称为"嫦娥工程"，分为"绕、落、回"三个阶段。第一步"绕"，即发射中国第一颗月球探测卫星，实现月球探测卫星绕月飞行。2007 年 10 月 24 日，"嫦娥一号"月球探测卫星发射成功，运行至距月球表面 200 千米的圆形轨道，为中国传回了第一幅月面图像；2010 年 10 月 1 日，"嫦娥二号"卫星成功发射升空，以更低轨道高度绕月飞行。第二步"落"，2013 年 12 月，"嫦娥三号"探测器发射成功，实现了中国航天器首次在地外天体软着陆;2019年1月3日,"嫦娥四号"探测器发射成功,是人类第一个着陆月球背面的探测器,"玉兔二号"月球车如今仍巡视在月球背面的永夜之地。第三步"回",2020年11月24日,"嫦娥五号"探测器发射成功并于2020年12月17日成功返回,标志着中国掌握了无人月球探测最主要的技术,尤其是从月球返回地球的技术能力,给载人登月乃至月球科研站的设想奠定了坚实的基础。

4. 载人航天工程

中国载人航天工程于1992年启动,1994年载人飞船被命名为"神舟号"。1999年11月至2002年12月,无人飞船"神舟一号、二号、三号、四号"相继发射实验成功,标志着中国飞船在可靠性方面处于世界领先地位。2003年10月15日,中国第一艘载人飞船"神舟五号"发射成功,飞行时间为21小时23分钟,航天员杨利伟成为中国太空飞行第一人。这是中国航天发展史上一座新的里程碑,中华民族古老的飞天之梦终于得以实现。截至2022年11月29日"神舟十五号"飞船的发射成功,中国载人航天工程发展实现了从神舟飞船首次升空到宇航员杨利伟首次飞天、从一人一天到多人多天、从舱内活动到太空漫步、从男宇航员到女宇航员。中国载人航天以"不可思议的速度",演绎着中国航天史上一个又一个经典传奇。中华民族以"前所未有的澎湃动力",不断刷新着飞天高度,不断创造着世界航天史上一项项新的纪录。

## 二、核技术

中国的核技术起初应用于国防建设,从20世纪80年代开始,扩展为向工业、农业、科学技术服务。经过多年的发展,形成了具有一定规模、达到一定水平、较为完整的体系,取得了显著成就。

（一）"两弹一星"

"两弹一星"指原子弹、氢弹和人造卫星,是中国科学的标志性成就,极大地提高了中国的国际地位。1964年10月,中国自行研制的第一颗原子弹爆炸成功,中国成为世界上第五个拥有核武器的国家。仅仅时隔两年零八个月,1967年6月,中国首次氢弹试验成功,成为世界上第四个掌握氢弹制造技术的国家。1970年4月,中国第一颗人造卫星发射成功,成为第五个成功发射人造卫星的国家。

中国始终奉行在任何时候和任何情况下都不首先使用核武器、不对无核武器国家和无核武器区使用或威胁使用核武器的核政策。

（二）核潜艇

中国的核潜艇从 1959 年开始研制设计,首先发展的是核动力攻击潜艇。1970 年首艘核潜艇下水,到了 1974 年"八一"建军节,中央军委将这艘核潜艇命名为"长征一号",正式编入海军战斗序列。中国成为世界上第五个拥有核潜艇的国家,海军进入核海军的行列。

（三）核电站

秦山核电站是中国自主研究、设计、建造的第一座核电站,地处浙江省嘉兴市海盐县,1991 年建成并投入运行。秦山核电站的成功建设结束了中国大陆无核电的历史。从此,中国成为世界上第七个独立建造核电站的国家,标志着中国核工业的发展上了一个新台阶,中国成为自力更生、和平利用核能的典范。

## 三、农业技术

中国当代农业技术的发展以杂交水稻的培育和推广为代表。中国是世界上最早栽培水稻的国家,早在七千年前中国长江流域的先民们就开始了水稻的种植。1993 年,中美联合考古队在湖南道县玉蟾岩发现了世界最早的古栽培稻。中国是世界上最早用文字记录水稻品种的国家,通过自然变异、人工选择等途径,陆续培育出具有特殊性状的品种,现在保存的水稻品种约有 3 万多种。

袁隆平院士是"共和国勋章"获得者,是中国杂交水稻事业的开创者和领导者,被誉为"杂交水稻之父"。袁隆平致力于杂交水稻技术的研究、应用与推广,发明了"三系法"籼型杂交水稻,成功研究出"两系法"杂交水稻,创建了超级杂交稻技术体系。杂交水稻研究的丰硕成果在很大程度上解决了中国人的吃饭问题。中国的杂交水稻已在世界上 30 多个国家和地区进行研究和推广。

## 四、工程技术

随着中国的不断发展,一个个惠及当下、着眼未来的重大工程拔地而起,创造了一个又一个令人难以置信的奇迹,托举起亿万人民迈向美好生活的中国梦。三峡水电站、港珠澳大桥、南水北调工程等一系列大国工程展示大国风范,成为新时代的崭新标志,向世界展现中国速度、中国高度、中国宽度、中国温度。

（一）三峡水电站

三峡水电站即长江三峡水利枢纽工程,又称三峡工程,1994 年正式动工,2009 年全部完工。三峡工程主要有三大效益,即防洪、发电和航运,其中防洪被认为是三峡工程最核心的效益。2012年,三峡电站装机容量达到2 240万千瓦,成为全世界最大的水力发电站和清洁能源生产基地。三峡工程也是目前中国已建成的最大型的工程项目。

(二)港珠澳大桥

港珠澳大桥跨越伶仃洋,东接香港特别行政区,西接广东省珠海市和澳门特别行政区,桥隧全长55千米,是"一国两制"下粤港澳三地首次合作共建的超大型跨海交通工程。2009年12月15日,港珠澳大桥工程开工建设。2017年7月7日,主体工程全线贯通,2018年10月24日正式通车运营。港珠澳大桥以其超大的建筑规模、空前的施工难度和顶尖的建造技术而闻名世界,是目前世界上里程最长、设计使用寿命最长、施工难度最大的跨海大桥。大桥工程的技术及设备规模创造了多项世界纪录。

(三)南水北调工程

南水北调工程是中国的战略性工程,分东、中、西三条线路,连接长江、淮河、黄河、海河,构成我国水资源"四横三纵、南北调配、东西互济"的总体格局。2002年12月,南水北调工程正式开工,截至目前,已成功向江苏、安徽、山东、河南、河北、北京、天津等地供水。南水北调工程是世界规模最大、输水线路最长、受益人口最多的跨流域调水工程,充分体现了中国智慧和中国力量。

(四)高速铁路

中国是世界上高速铁路运营里程最长、在建规模最大的国家。中国高铁的安全性、舒适性和便捷性都处于世界领先水平。"和谐号"动车组是中国铁路全面实施自主创新战略取得的重大成果,标志着中国铁路客运装备的技术水平达到了世界先进水平,中国也由此成为世界上少数几个能够自主研制时速380千米动车组的国家。"复兴号"中国标准动车组构建了体系完整、结构合理、先进科学的技术标准体系。目前中国已经成功拥有世界先进的高铁集成技术、施工技术、装备制造技术和运营管理技术,中国的高速铁路正不断走向世界,与多个国家开展了合作,如土耳其的安伊高铁、印尼雅万高铁等等。

(五)深海探测技术

中国是继美、法、俄、日之后世界上第五个掌握大深度载人深潜技术的国家。"蛟龙号"载人潜水器是中国第一艘深海载人潜水器,由中国自行设计、自主集成研制。2012年6月,蛟龙号在马里亚纳海沟创造了下潜7 062米的载人深潜纪录,标志着中国具备了载人到达全球99%以上海洋深处进行作业的能力,中国海底载人科学研究和资源勘探能力达到国际领先水平。

"奋斗者"号是继"蛟龙号"之后,中国研发的又一深海载人潜水器。2020年10月27日,"奋斗者"号在马里亚纳海沟成功下潜突破1万米,达到10 058米,创造了中国载人深潜的新纪录。"奋斗者"号是中国在海洋装备方面的一项标志性成果,为中国在深海进行科学研究和探索创造了有利条件。

### 五、电子信息技术

随着电子信息产业的高速发展,当前社会已经进入信息时代,各种信息技术的应用已经进入千家万户,成为现代生活中不可缺少的重要组成部分。

#### (一) 5G技术

2019年6月6日,中国正式进入5G商用时代。截至2022年4月末,中国已建成5G基站161.5万个,成为全球首个基于独立组网模式规模建设5G网络的国家。目前,5G已在工业、车联网与自动驾驶、能源、教育、医疗、文旅、智慧城市、信息消费、金融等领域广泛使用。

#### (二) 电子支付

所谓电子支付,是指从事电子商务交易的当事人,包括消费者、厂商和金融机构,通过信息网络,使用安全的信息传输手段,采用数字化方式进行的货币支付或资金流转。在网络化、信息化高速发展的当今中国社会,中国的电子支付备受推崇,尤其以移动支付最为流行,如支付宝和微信支付。在中国,支付宝支付和微信支付给人们生活带来了极大的便利。现在,人们出门购物无须再携带现金,无论是线上还是线下购物,都可以使用电子支付。

 想一想

1. 中国古代四大发明产生了什么影响?
2. 灵渠的主要意义是什么?
3. 简要介绍中国的"嫦娥工程"。
4. 你是否认可电子支付,为什么?

# 第七章　中国的教育发展

中国的教育发展历史悠久,源远流长。从先秦到明清时期,古代中国教育伴随着社会经济文化的发展,经历了发展繁盛直至僵化的历程。

新中国成立后,教育事业经过长期全面的革新,得到空前发展。普及九年义务教育、完善教育体系、推动教育现代化等一系列措施,为中国社会培养了大量人才。随着教育规模不断扩大,教育质量持续提升。中国积极参与国际教育交流与合作,越来越多的中国学生走出国门,国际学生来华留学,中外教育机构加强合作,为培养具有国际视野的新时代人才提供了有力支持。

## 第一节　古　代　教　育

中国古代教育大致经历了孕育与奠基、拓展与成熟、由繁荣逐渐走向僵化式微三个时期,其发展有起有落,有盛有衰,但始终没有背离其为国家培养人才、教化民众、敦化社会风俗的主要功能。尊师长、重教育、兴国家成为中国古代教育的优良传统。

### 一、先秦奠基时期

这一时期,教育逐步实现了独立化、专门化。

从夏、商、西周时期开始,学校教育成为中国古代传统教育的主要形式。《礼记》等中国古籍都提到夏朝的"序",就是教育子弟的场所。商朝已经使用甲骨文作为教育手段。

西周时期,由各级官吏担任各级学校的教师,受教育者是奴隶主的子弟。教育内容是"六艺",即礼、乐、射、御、书、数六种技能教育的总称。这也是中国最早的分科课程。

春秋末期,原来受贵族垄断的"学在官府"的教育走向没落,而适应新经济、新政治所需要的新的教育内容和形式的私学开始兴起。广开私学之门、把受教育的范围扩大到平民的人是孔子,他是中国古代伟大的思想家、教育家。

战国时期是中国新的社会制度——封建社会的确立时期,这一时期出现了儒家、道家、墨家、法家、兵家等诸子百家相互争鸣、盛况空前的学术局面。战国时期的稷下学宫是世界上第一所由官方举办、私家主持的特殊形式的高等学府。稷下学宫网罗各国人才前来讲学,是蔚为壮观的"百家争鸣"的学术中心,也是当时教育上的重要创造。

### 知识链接

#### 孔子的教育思想

在教育对象上,孔子提倡"有教无类",打破贵贱、贫富和种族的界限,人人都可入学受教育。在教学内容上,他重视教育对社会发展和人的发展的作用,强调将道德教育放在首要地位,并提出克己、内省、勇于改过等方法。在教学方法上,孔子提倡"因材施教",针对学生的不同特点进行教育。他主张学、思、行结合,是世界上最早提出启发式教学的教育家;他教育学生要有实事求是、不耻下问的态度。在教育理论上,他提出的学而不厌、温故知新、诲人不倦、以身作则、爱护学生、教学相长等教育学说,成为教师应具备的基本条件,为中国古代教育奠定了理论基础。孔子教育思想是中华民族珍贵文化遗产的一部分。

## 二、秦汉唐成熟期

这一时期制定的各种措施,对后世历代封建王朝文教政策及内容、形式的制定起了规范化、定型化作用。

公元前 221 年,秦统一六国后,实行的"书同文"的文字整理和统一工作,是汉字在走向统一、规范化、定型化过程中的关键性一步。统一的文字使以汉字为载体的中华文化传播有了基本条件,形成了真正的中华文明和汉文化,对维护中国统一、形成中华民族统一的文化心理有着重要作用。

汉武帝时期,实行"罢黜百家,独尊儒术"的政策,逐步形成了一个以儒家经籍为基本教学内容的封建伦理人才培养体系,为后世中国历代封建王朝所效仿。

隋唐时期文化教育在当时处于世界领先地位,在京都长安的外国留学生甚众,最多的是日本留学生,其次是新罗留学生,各国人民之间相互学习、相互促进,为世界文化的繁荣作出了贡献。产生于隋、发展于唐的科举制,是通过考试选拔官吏的制度,将人才选拔制度和教育制度紧密结合在一起,对古代中国及周边的日本、朝鲜、越南等国家影响深远。

### 三、宋元明清僵化期

这一时期,由于中国封建社会逐渐由盛转衰,传统教育由繁荣完备逐渐走向僵化,主要表现为学校逐渐成为科举的附庸,教学内容与应试内容日趋陈旧,进而使中国传统教育走向衰落。

这一时期,孕育出了以儒家思想为主体,糅合佛教和道教思想而成的新的思想体系——理学思想,后成为中国封建社会后期的统治思想,但这种以"四书""五经"为主要内容的封建传统教育,因为内容空疏、思想僵化,越来越不适应社会发展的需要。因此,北宋时期既关注学术也关注社会政治的东林书院一时间名声大噪,成为全国政治的焦点和议论国事的主要舆论中心。书院内悬挂的名联"风声雨声读书声声声入耳,家事国事天下事事事关心"就集中体现了这个特点。

# 第二节　现　代　教　育

1949 年中华人民共和国成立后,为了改变落后的教育状况,中国的教育事业开始了长时间的全面革新,教育发展进入了全新的时代。

### 一、扫除文盲,普及义务教育

由于长期处于半封建半殖民地社会阶段,绝大部分普通民众没有学习文化的机会。新中国成立初期,文盲、半文盲占全国总人口的 80％以上,学龄儿童入学率仅为 20％左右。于是,20 世纪 50 年代初,大规模的扫盲运动得以展开。在学校、教师资源都十分短缺的情况下,全国各地号召识字的人当业余教师,利用工余、农闲时间在空院和田间地头举办扫盲班,许多地方开始编写识字教材,并大力推广"速成识字法"。从 1949 年到 1965 年,全国扫除文盲 10 272.3 万人,至 2000 年,全国成人文盲率降至

9.08%。无数人的不懈努力让亿万中国人开始掌握读书识字的技能。

同时，基础教育的建设也在不断推进。到 1965 年底，中国基础教育得到恢复，学龄儿童入学率达到 85%。

为了进一步巩固和发展基础教育取得的成果，1982 年颁布的《中华人民共和国宪法》提出"普及初等义务教育"。义务教育，是指所有适龄儿童与少年都必须接受的，且国家、社会、家庭必须予以保证的国民教育。保障适龄儿童就读小学的权利也成了扫除文盲的有力措施。随后，在普及小学教育的基础上，又提出普及初中教育，九年制义务教育制度于 1986 年通过《中华人民共和国义务教育法》得到确立。在政策的实施与法律的保障下，截至 2000 年，全国基本普及九年义务教育，初中阶段入学率达到 85%左右，全国小学入学率达到 99%以上，基本解决了适龄儿童少年"有学上"的问题。

然而，不同区域之间的经济水平差距导致了教育发展的不均衡，尤其是西部欠发达地区的义务教育普及仍面临许多困难。办学条件差、入学成本高的问题始终阻碍着更多的孩子走入学校。面对这些困难与挑战，《义务教育法》于 2006 年明确了义务教育的免费原则，即适龄儿童、少年接受义务教育的九年间不收学费、杂费。首先从西部农村地区开始试点实施，至 2008 年在全国城乡全面推行，许多因贫困而失学的农村学生开始返校上学，贫困地区儿童"上学难、上学贵"的问题得到了基本解决。自此，中国的九年义务教育制度的普及性、强制性、免费性特征得到确立。

根据联合国教科文组织统计，从 1990 年到 2005 年，世界范围内文盲减少 1 亿人，其中，中国减少 9 000 万。在 9 个发展中国家人口大国中，中国是唯一全面实现九年义务教育的国家。至 2011 年，中国达成了全面普及九年义务教育和扫除青壮年文盲的壮举。占世界人口约五分之一的中国，凭借着知识的力量，走向不断发展的未来。

## 二、完善教育体系

新中国成立前，中国的教育事业有着学校数量少、结构不完整、分布不均衡等缺陷。新中国成立后，国家开始改革学制，逐步明确各个阶段教育的任务与培养目标。经过数十年的努力，中国的教育状况得到了全面恢复和高速发展。现在，中国的教育体系基本可以分为学前教育、初等教育、中等教育、高等教育四个阶段。

**学前教育**　一般指 3～6 岁的儿童在幼儿园的教育阶段，旨在通过对幼儿进行预备教育,让幼儿的身体、智力和心理得到健康发展。目前,中国的幼儿园主要分为三类:公办幼儿园、普惠性幼儿园、其他民办幼儿园。至 2021 年,全国共有幼儿园 29 万余所,在园幼儿 4 805 万余人,学前教育入学率约为 88%。

**初等教育** 指小学阶段接受的教育,在各阶段的学校教育中具有最大的普及性。中国小学现行学制一般为 6 年,通过对学生"德、智、体、美、劳"的全面培养,使学生的身心得到健康发展,为以后接受中等教育打下基础。至 2021 年,全国共有小学 15 万余所,在校生 1.08 亿人。

**中等教育** 是在初等教育,即小学教育基础上的继续教育。在中国,中等教育分为初级中等教育和高级中等教育两个阶段,学制一般为两个阶段各 3 年。中等教育包括两种类型的教育,即普通中等教育和中等职业教育。普通中等教育主要是指以升学为目标,以基础科学知识为主要教学内容的学校教育,由普通初中或普通高中实施;中等职业教育是以培养具有一定文化水平和专业知识技能的应用型人才为主要目标的教育,主要由中等职业学校实施。两种类型的教育齐头并进,为专业知识型人才和专业技能型人才的培养打下坚实的基础。

至 2021 年,全国共有初中 5 万余所,在校生 5 018 万余人;有普通高中近 1.5 万所,在校生 2 605 万余人;中等职业学校超过 7 000 所,在校生 1 311 万余人,高中阶段入学率达到 90% 以上。

**高等教育** 高等教育是学校教育的最高阶段,是在完成中等教育基础上的专业教育和职业教育。学生经过普通高等学校招生全国统一考试的激烈选拔进入各类高等学校。在中国,普通高等教育可分为专科、本科、硕士研究生、博士研究生四个层次,主要由大学、学院以及高等专科学校实施。除普通高等教育外,还有成人高等教育、自学考试、网络教育等多种类型的高等教育。高等教育在培养高水平、高素质人才方面具有关键作用,对于社会发展必不可少。

1949 年新中国成立之初,中国高校在校生只有 11.7 万人。为了尽快推进高等教育的发展,为社会建设提供人才,国家开始对旧式高校进行接管和改造,并在全国范围内进行了高等学校院系调整。

历经多次改革,至 2021 年,全国高等学校达 3 012 所。各种形式的高等教育在学总规模 4 430 万余人,高等教育入学率约为 57%。

此外,全国在学研究生人数不断增长,2021 年超过 333 万人,其中包含在学博士生约 50 万人。这意味着,有更多的学生选择进行更高难度、更深层次的专业学习与科学研究,高层次的人才培养与科技研发的规模在不断发展壮大。

高等教育入学机会的均等化水平大幅提升,培养了大量的高级专门人才和职业人员,为社会发展提供了坚实的人才储备。

### 三、面向未来,推动现代化教育

1983 年,邓小平为正在实践教育改革的北京景山学校题词:"教育要面向现代化,面向世界,面向未来。"这"三个面向"成为后来中国教育改革的总方针。

2019 年,中国政府提出了《中国教育现代化 2035》,将 2035 年作为一个重要的节点,为中国未来一段时间的教育现代化发展描绘了蓝图。其中的主要目标是:建成服务全民终身学习的现代教育体系、普及有质量的学前教育、实现优质均衡的义务教育、全面普及高中阶段教育、职业教育服务能力显著提升、高等教育竞争力明显提升、残疾儿童少年享有适合的教育、形成全社会共同参与的教育治理新格局。

这意味着,国家将致力于全面扩大人民群众受教育机会,让人民享有更公平的教育;加强高素质专业化的教师队伍建设,合理应用科学技术,用信息化推动现代化,为人才培养提供高水平、高质量的保障;全面加强与世界各国和国际组织的教育务实合作,开创教育对外开放新格局;构建服务全民的终身学习体系,建设学习型社会,不断发展学校教育之外的继续教育,满足民众对拓展和提高知识、技能的需求,服务每个人的终身发展。

新中国的教育事业历经 70 多年发展,从受教育机会得到保障,到教育质量得到不断提升,兼顾效率与公平,体现了中国对教育价值的认可,进一步推进教育现代化的建设,使教育同国家发展要求相适应、同人民的期待相契合,展现出中国对未来教育发展的不懈追求。


# 第三节　国际教育交流与合作


在持续不断地推进教育现代化的历程中,教育领域的国际交流与合作也成为不可或缺的一部分。扎根中国、融通中外、立足时代、面向未来,成为推进教育现代化的核心理念。

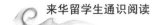

## 一、出国留学与来华留学

（一）出国留学

新中国成立之初的教育国际交流与合作始于与捷克斯洛伐克、波兰、罗马尼亚等东欧国家交换留学生，这也成为新中国出国与来华留学事业的正式起步。到20世纪50年代，中国有超过1万名的留学生在国外留学。其中，受两国外交关系的影响，前往苏联的留学生占大多数，主要包括实习生、短期培训人员、大学生、研究生等几种类型。留学生基本由国家进行筛选后派出，且多是为了学习先进的科学技术和生产经验。

20世纪70年代初，教育对外交流逐步发展，国家开始派遣一些留学生赴国外学习外语，且第一次派遣教育代表团出访美国、英国、澳大利亚等发达国家。1978年后，教育国际交流与合作事业得到了全面恢复并快速发展。国家开始扩大派遣留学生的数量，并扩大派遣留学生的出国渠道。中国政府首先与美国达成互派留学生协议，其后又与英国、埃及、加拿大、荷兰、意大利、日本、联邦德国、法国、比利时、澳大利亚等国达成交换留学生协议。

80年代之后，国家明确提出"支持留学、鼓励回国、来去自由"的留学工作方针，并将留学工作作为教育对外开放工作的重点。国家陆续出台了多个有关自费出国留学的相关规定，同时成立了中国留学服务中心。驻外使领馆陆续设立了教育处组，给出国留学及留学归国人员提供各类服务，进一步促进了教育对外开放事业的发展。

现在，中国出国留学人员数量持续增长，至2019年，出国留学的人数超过70万人。以美国、澳大利亚、英国、加拿大等国家为首，留学目的地国家呈现出多元化趋势，覆盖亚洲、欧洲、北美洲、南美洲、澳洲的多个国家。留学从20世纪的精英化走向大众化，主流的留学方式也从公派留学转向自费留学。

当下，出国留学是中国培养国际人才的重要渠道。出国留学人员一方面学习国外的科学文化知识，为中国在教育、科技、经贸等领域更好地融入世界提供了助力；另一方面作为文化交流使者，向海外传播中国文化，推广中国语言，成为中外双方相互了解的桥梁。

（二）来华留学

20世纪50年代初，与向国外派遣留学生逐步扩大的规模相反，来华留学生的数量很少。1950年，清华大学接收来自捷克、波兰、罗马尼亚、保加利亚、匈牙利等5国的 33 名来华留学生,成为新中国来华留学事业的开端。1956 年后,来华留学生规模扩大,留学生生源国也逐渐多样化,从亚非拉地区逐渐拓宽至世界各大洲。这一时期,虽然来华留学生数量有所发展,但接收方式主要依靠国家公派,学习内容也大多限定在短期的语言进修领域,规模十分有限。

改革开放后,来华留学和来华进行教育访问的国家明显增多,自费来华留学也开始正式出现。1978 年到 1989 年期间,中国共接受来自 130 多个国家的约 4 万名留学生,其中自费生超过 2 万名。从此,自费留学生逐渐成为来华留学的主体。

随着中国社会经济的稳定发展,教学质量逐步提高,越来越多的留学生选择来到中国学习。来华留学生数量保持稳步增长,从 2001 年的 6 万余人增长至 2019 年的 49 万余人。留学生生源地以亚洲地区为主,涵盖非洲、欧洲、美洲等全球各个地区。来华留学生的类型基本可以分为学历生与非学历生两种:学历生包括专科生、本科生、硕士研究生和博士研究生,非学历生包括短期留学生、普通进修生和高级进修生 3 种。21 世纪初,来华留学生中非学历生占主导地位,但学历生的比例持续快速增长。这一时期,中国坚持适度扩大来华留学规模,吸引国际优秀学生,提高教育的国际化水平,并进一步完善来华留学社会化专业化服务体系,为留学生在中国学习提供全面的后勤保障。

现在,中国已成为继美国、英国之后,全球第三大留学目的地国家。来华留学生数量从不足 50 人增至近 50 万人,接受院校也从最初的清华大学扩展到 31 个省、自治区、直辖市的近千所院校。无数的来华留学生见证了中国社会与教育的高速发展,也通过自己的努力成为了沟通中国与世界各国的桥梁,为这个开放包容、不断发展的世界提供思想、经济、文化相互碰撞的火花。

## 二、教育的国际交流与合作

近年来,中国双边和多边教育合作与交流不断取得新的进展。截至 2022 年,中国已与 181 个国家和地区建立教育合作交流关系,与 58 个国家和地区签署学历学位互认协议,在与其他国家和地区互换教育代表团、互换留学人员、学者互访、校际交流、互换教育资料、语言教学、学术研究等方面开展了广泛的交流与合作。

（一）语言文化交流

20 世纪 80 年代开始,中国教育国际交流协会、中国教育学会对外汉语教学研究会、世界汉语教学学会等民间教育组织先后成立。这些组织成为推动对外汉语教学工作的重要力量,架设起中国文化与世界文化交流的语言之桥。伴随着这些民间机构的诞生和汉语水平考试的推出,汉语的推广和教学也逐步走向科学化、规范化和标准化。

2004 年开始,孔子学院和孔子课堂开始在世界各地陆续设立,积极推广汉语,传播中国文化。

孔子学院是一种非营利性社会公益教育机构,将中国传统文化的代表人物——孔子,选为汉语教学品牌,秉承孔子"和为贵""和而不同"的理念,推动中国文化与世界各国文化的交流与融合。它并非一般意义上的大学,而是推广汉语和传播中国文化的交流机构,一般都是下设在国外的大学、研究院等教育机构里(设在国外中小学里的被称为"孔子课堂")。孔子学院致力于满足世界各个国家与地区人民对汉语学习的需要,加强中国与世界各国教育文化交流合作,发展中国与外国的友好关系,促进世界多元文化发展。孔子学院最重要的工作之一就是给世界各地的汉语学习者提供正规的汉语教学渠道以及规范、权威的现代汉语教材。孔子学院主要采用中外合作的形式开办。截至 2019 年,中国已在全球 162 个国家(地区)建立 550 所孔子学院和 1 172 个中小学孔子课堂。

据统计,至 2019 年,全球汉语学习人数达 1 亿人。在中华语言文化影响力不断增强的当下,中国以教育交流为切入口,更加积极地参与到中外人文交流工作中,并努力向国际社会传递中国和平发展的正能量。

(二)中外合作办学

在高等学校层面,以南开大学 1980 年组织召开明清史国际研讨会为标志,中国高校开始举办国际学术会议并开展学术研究合作;越来越多的学校开始与国外高校建立校际交流关系;外籍教师来华任教的学科逐渐多元,越来越多的中国学者开始走向海外任教、学习。

进入 21 世纪后,中外合作办学日益成为中国教育国际合作与交流的重要形式,对于引进国外优质教育资源,借鉴国外有益的教学和管理经验,促进中国教育国际交流与合作起到了积极作用。高等教育阶段中外合作办学一般包括中外合作办学机构(如宁波诺丁汉大学)和中外合作办学项目(如中国政法大学与美国明尼苏达大学合作举办的法学硕士学位教育项目)两种形式。目前,全国中外合作办学机构和项目有约 2 500 个,包含理学、工学、农学、医学、法学、教育学等 11 个学科门类,200 多个专业,合作对象覆盖 30 余个国家和地区。此外,以北京大学汇丰商学院牛津校区、厦门大学马来西亚分校、老挝苏州大学等机构为首的境外办学机构和项目在探索中稳妥推进,越来越多的本科院校和职业院校走出去办学,推动中国教育逐步走向世界。

如今,通过在教育领域不断推进国际交流与合作,中国已成为全球有影响力的国际教育中心之一,不但拥有世界最大规模的外语学习人口,而且建成了世界上影响最大的语言推广机构;既是世界最大的国际学生生源国,也是亚洲最大的留学目的国;一边引进世界优质教育资源,一边积极开展合作办学,在推动科学技术与社会文化的深度交流,培养服务于国家、服务于世界的国际化人才方面作出不懈的努力。

1. 孔子在教育上有哪些观点,对现代教育思想有什么启发?

2. 中国什么时候实现了全面普及九年义务教育和扫除青壮年文盲?

3. 请说出《中国教育现代化 2035》的主要目标。

4. 请简要说明中国现当代国际教育交流与合作包括哪些内容。

# 第八章　中国的文学艺术

中国的文学与艺术是中华文化宝库中的瑰宝,具有深厚的历史底蕴和独特的艺术魅力。

从先秦时期的《诗经》《楚辞》,到明清时期的四大名著,再到现当代的文学创作,无数文人墨客用文字艺术化地反映了社会现实,表达了人民情感。

中国书法与绘画艺术以其独特的审美和技法体现了艺术家的个性和情感,在世界艺术史上占有重要地位。而中国音乐同样丰富多彩,特色鲜明,并在漫长的发展历程中诞生了京剧、越剧等融合唱、念、做、打等多种艺术形式的戏曲文化。

在建筑领域,从古代的宫殿、园林、庙宇到现代的高楼大厦,中国建筑既重视传统元素,又发展现代科学设计理念。

总之,中国的文学与各类艺术不仅丰富了人民的精神、生活,也是世界文化艺术宝库的重要组成部分。

## 第一节　中国古代文学

### 一、先秦两汉南北朝文学

先秦文学是中国文学的辉煌开端,这一时期的文学作品中展现的许多文学特征和人文精神都对后世的文学产生了深远影响。

（一）上古神话

远古时期的中国人将他们的生活经验和所见所闻记录下来,并结合瑰丽的想象,形成了中国第一部神话集《山海经》。《山海经》被认为是"上古时期的百科全书",不仅涵盖上古时期的地理、天文、动物、植物、医学等多方面的内容,还为后世保存下了诸如"夸父追日""女娲补天"等经典的神话故事。

### "女娲补天"的传说

相传在远古时代,支撑在天地之间的四根柱子倒塌了,于是天塌地陷,烈火不灭,洪水泛滥,猛兽吃人,民不聊生。善良的女娲不忍心看到世间的生灵受灾,于是冶炼五色石来修补崩塌的天空,并砍断海中神龟的四足来做支撑天地的柱子,杀水怪,退洪水,拯救了天下苍生。

### (二)诗、歌、赋

**诗经**

《诗经》是中国最早的一部诗歌总集,收集了公元前11世纪至公元前6世纪的305首诗歌。《诗经》分为《风》《雅》《颂》三个部分。《风》也叫国风,是周代各地的民间歌谣,《雅》是周王朝京都地区宫廷宴飨或朝会时的音乐,《颂》是周代王朝贵族宗庙祭祀的乐曲。《诗经》中诗歌的作者绝大多数都已经无法考证,但处处流露着人们对生活的真实情感。从爱情婚姻到生活劳动、从战争徭役到地理风俗,《诗经》里的诗歌反映了西周到春秋晚期约五百年间人民生活的方方面面,被喻为"周代社会生活的一面镜子"。

**乐府民歌**

乐府是汉代朝廷设立的音乐机关,专门采集民间的歌谣或诗歌来配乐演唱。这些诗歌原本在民间流传,经过乐府的整理和改编后得以流传下来。后世不断有文人模仿这类诗歌的形式进行新的创作,而这类诗歌则被人称作"乐府民歌"或"乐府诗"。其中,长篇叙事乐府诗《孔雀东南飞》与《木兰诗》被合称为"乐府双璧"。《木兰诗》是中国南北朝时期诞生的乐府民歌,讲述了一个名叫木兰的女孩为了保护家人女扮男装,替父从军上战场的故事。诗歌中生动地描写了木兰到远方参军的艰险历程,赞颂了木兰善良勇敢的品质与英勇卫国的精神,成为传颂至今的经典作品。

**赋**

赋是介于诗与散文之间的一种中国独有的文学体裁。语句上以四、六字句为主,并追求骈偶,语音上要求声韵和谐,文辞上讲究藻饰和用典。

现在普遍认为战国时期以屈原为代表的《楚辞》是诗向赋的过渡。如《楚辞》中的经典作品《离骚》，不适合歌唱，只适合诵读，形式上又有诗的韵律节奏，与以往配合音乐演唱的诗歌有明显的不同之处。此后，便逐渐产生了"赋"这种"非诗非文，亦诗亦文"的全新文学体裁。

至汉代，赋的创作走向兴盛，风格上讲究押韵、对仗，大量展现华丽的文采，诞生了司马相如的《子虚赋》《上林赋》、曹植的《洛神赋》等经典作品，后世还出现了陶渊明的《归去来兮辞》、杜牧的《阿房宫赋》、苏轼的《前赤壁赋》等名作。

> **知识链接**
>
> ## 押韵和对仗
>
> **押韵**，也称"压韵"。在古代，写诗词曲赋等作品时在句末用同韵的字相押，称为押韵。诗、歌、赋等作品押韵，会使作品声韵和谐，便于吟诵和记忆，具有节奏和声调美。由于押韵的文字一般在诗句的结尾，所以结尾的文字又叫作"韵脚"。例如，"关关雎鸠，在河之洲。窈窕淑女，君子好逑"中的"洲"和"逑"就是韵脚。
>
> **对仗**，是指在诗、赋、文等的写作中，一方面按照字音互补，一方面把同类或对立概念的词语放在相对应的位置上，出现相互映衬的状态，使语句更具韵味，增加句子的艺术性。如："落霞与孤鹜齐飞，秋水共长天一色""举头望明月，低头思故乡""抽刀断水水更流，举杯消愁愁更愁"。

> **知识链接**
>
> ## 赋 两 篇
>
> ### 离骚（节选）
>
> 屈 原
>
> 日月忽其不淹兮，春与秋其代序。
>
> 惟草木之零落兮，恐美人之迟暮。
>
> ……
>
> 吾令羲和弭节兮，望崦嵫而勿迫。
>
> 路漫漫其修远兮，吾将上下而求索。

**归去来兮辞(节选)**

陶渊明

悟已往之不谏,知来者之可追。实迷途其未远,觉今是而昨非。舟遥遥以轻飏,风飘飘而吹衣。问征夫以前路,恨晨光之熹微。

## 二、唐诗与宋词

### (一) 唐诗

唐朝时,中国文学达到了繁荣时期,诗歌、散文得到了空前的发展,其中,唐朝诗歌更是凭借丰富的题材、多样的风格和广泛的流传成为中国古典诗歌的巅峰。

唐朝的诗歌总量巨大,留存至今的有约 5 万首;创作题材广泛,政治、经济、战争、爱情、亲情、友情、自然、游历等各个方面都出现在唐诗中;著名诗人众多,包括李白、杜甫、白居易、王维、孟浩然、李商隐等,他们的作品不仅在中国得到了高度的评价,并且流传至日本、朝鲜半岛等多个海外国家与地区。

李白是中国古代最具盛名的浪漫主义诗人,被后人称为"诗仙"。他的作品充满了奇特瑰丽的想象和气势恢宏的描写,诗风豪放飘逸,善于运用生动的比喻表达丰富的情感,用多彩的语言描述波澜壮阔的人生经历,创作的内容涵盖了自然、情感、时政、哲理等诸多方面,留下了《将进酒》《蜀道难》《静夜思》等千古名作。

杜甫是唐代伟大的现实主义诗人,诗风深沉严谨,被誉为"诗圣"。杜甫经历唐朝由盛转衰的时期,因此,他的作品大多反映社会面貌、民间疾苦。在《春望》《茅屋为秋风所破歌》《登高》等代表作中,深刻又动人的描写体现出他心系苍生、忧国忧民的情怀。李白和杜甫被后人合称为"李杜",他们的作品代表着唐朝诗歌的两座高峰。

唐代另一位杰出的现实主义诗人是白居易。他的诗题材广泛,善用通俗晓畅的语言讽喻社会现实,强调诗歌揭露批评政治弊端的功能。他的代表作《琵琶行》《长恨歌》对后世影响深远。

**知识链接**

**唐 诗 三 首**

**赠 汪 伦**

李 白

李白乘舟将欲行,忽闻岸上踏歌声。

桃花潭水深千尺,不及汪伦送我情。

**春　望**

杜　甫

国破山河在，城春草木深。

感时花溅泪，恨别鸟惊心。

烽火连三月，家书抵万金。

白头搔更短，浑欲不胜簪。

**红　豆**

王　维

红豆生南国，春来发几枝。

愿君多采撷，此物最相思。

(二) 宋词

宋朝时期，随着开封、扬州、杭州等城市的逐渐繁荣，文学创作的题材内容也更加符合市民文化生活的需求。词这一体裁的创作进入了黄金时期。词，是一种音乐文学，词的句子有长有短，便于配合音乐进行演唱，因此也被称为"曲子词"。词的标题分为词牌名和题目，一般一个词牌名对应一种格式，决定着词的节奏与音律，词牌名后边的是题目，说明词意。这一时期，诞生了苏轼、李清照、辛弃疾、陆游、柳永等著名词人。

苏轼是北宋时期著名的文学家，在诗、词、散文、绘画方面都有很高的成就。他善用夸张的比喻和豪放的语言，创作题材广泛，如阐述自然哲理的《题西林壁》《水调歌头·明月几时有》，又或是怀古抒情的《念奴娇·赤壁怀古》《江城子·密州出猎》。许多作品都展现出他对人生的理性思考与豁达乐观的人生态度。

李清照是宋朝乃至整个中国古代最负盛名的女词人之一。她的创作内容随着她的个人经历而变化。她早期生活优裕，词风清新婉约，有《如梦令·昨夜雨疏风骤》《一剪梅·红藕香残玉簟秋》这类表达自然之美或少女情感的作品；后期经历战乱，创作的内容便更多描写国破家亡的悲愤伤感之情，如《声声慢·寻寻觅觅》。

辛弃疾是南宋时期的豪放派词人。他命运坎坷，一生以恢复中原为志向，因此作品中饱含对民族命运的关切之情，风格豪迈深沉。其中《破阵子·为陈同甫赋壮词以寄之》《永遇乐·京口北固亭怀古》《青玉案·元夕》等代表作被传诵至今。

南宋的爱国主义诗人陆游诗词俱佳,他在作品中抒发慷慨激昂的报国情怀和壮志未酬的悲愤,风格雄浑,气势壮阔。其词《诉衷情·当年万里觅封侯》《卜算子·咏梅》《钗头凤·红酥手》等都是传世名作。

**知识链接**

### 宋 词 三 首

#### 水调歌头·明月几时有

苏　轼

丙辰中秋,欢饮达旦,大醉,作此篇,兼怀子由。

明月几时有? 把酒问青天。不知天上宫阙,今夕是何年。我欲乘风归去,又恐琼楼玉宇,高处不胜寒。起舞弄清影,何似在人间。

转朱阁,低绮户,照无眠。不应有恨,何事长向别时圆? 人有悲欢离合,月有阴晴圆缺,此事古难全。但愿人长久,千里共婵娟。

#### 如梦令·昨夜雨疏风骤

李清照

昨夜雨疏风骤,浓睡不消残酒。试问卷帘人,却道海棠依旧。知否,知否? 应是绿肥红瘦。

#### 青玉案·元夕

辛弃疾

东风夜放花千树。更吹落、星如雨。宝马雕车香满路。凤箫声动,玉壶光转,一夜鱼龙舞。

蛾儿雪柳黄金缕。笑语盈盈暗香去。众里寻他千百度。蓦然回首,那人却在,灯火阑珊处。

## 三、元明清戏剧与小说

### (一) 元明戏剧

元杂剧和元代散曲合称为"元曲"。散曲,是一种继承自宋词的新的音乐文学;杂剧则是表演、音乐、说唱、舞蹈等各种表演艺术形式的融合。元朝时期,都市发展繁荣,杂剧的演出条件更加便利,使得这一戏曲艺术开始兴盛。关汉卿、白朴、郑光祖、马致远、王实甫等作家的作品代表着元代戏曲创作的最高成就。

关汉卿被认为是元杂剧的奠基人。他的杂剧创作十分丰富,并且人物形象鲜明,主题深刻。《感天动地窦娥冤》(简称《窦娥冤》)是他的代表作,讲述了名叫窦娥的寡妇被无赖诬陷成杀人凶手,最终含冤被斩杀的故事。窦娥在死前向天起誓,如果她是清白的,则"血溅白练,六月飞雪,大旱三年"。此后,这三件事全部实现。作品用窦娥的悲惨命运揭示了当时社会的黑暗面,其中感人至深的故事情节也被广泛传播。

王实甫创作的《崔莺莺待月西厢记》(简称《西厢记》)是中国戏曲艺术的一座高峰。作品讲述了一名叫张生的书生爱上富家小姐崔莺莺,却因身份地位悬殊而受到阻挠,最终在侍女红娘的帮助下冲破阻碍,成功与莺莺完婚的故事。作品以年轻人的爱情故事为主题,表达了反对封建礼教的深刻主题。

杂剧发展至明朝时期,诞生了一位著名戏曲家汤显祖。他创作的《牡丹亭还魂记》(简称《牡丹亭》或《还魂记》)中,女主人公杜丽娘游园时做了一个梦,爱上在她梦中出现的书生柳梦梅,醒来后因过度相思而病死。她死后化成鬼魂,寻找到现实中的柳梦梅,最后在真情的力量下复生,与柳梦梅终成眷属。汤显祖用浪漫主义的表现手法,赞颂超越生死的爱情,作品结合明朝时期得到改良的"昆山腔"进行表演,成为中国戏曲史上最杰出的作品之一。

(二)明清小说

明清时期,城镇经济繁荣,以市民生活、爱情、神怪、历史为题材的章回小说大量涌现,创造了中国古代长篇小说创作的辉煌时期。这一时期诞生的《三国演义》《水浒传》《西游记》《红楼梦》被后世合称为中国古代"四大名著"。

《三国演义》由小说家罗贯中创作,是中国文学史上第一部章回体小说。作品根据《三国志》和民间流传的三国故事传说进行艺术加工而成。《三国演义》讲述了东汉末年魏、蜀、吴三国之间的纷争,通过对历史事件的描写与对人物的精巧塑造,展现了各方英雄人物在政治与军事的斗争中凸显的勇气与智慧,总结了历史的兴衰规律。

《水浒传》的作者是元末明初的施耐庵。这是一部描写一百零八位好汉在梁山起义,反抗欺压,逐渐发展壮大,却最终走向消亡的英雄传奇小说。作品塑造了许多个性鲜明的角色,故事情节曲折动人,歌颂起义英雄反抗精神的同时也揭示了黑暗的社会现实。

《西游记》是一部由明代作家吴承恩以"玄奘取经"这一历史事件为蓝本创作的长篇小说。小说描写了孙悟空和唐僧、猪八戒、沙僧师徒四人经历九九八十一难,前往西天取经的故事。作品通过神奇的幻想世界表达了对现实世界的嘲讽,赞颂争取自由、勇敢探索的精神。

《红楼梦》是清代作家曹雪芹创作的长篇小说。小说以贾宝玉与林黛玉、薛宝钗三人的爱情婚姻悲剧为主线,讲述了四个大家族的兴衰历程。《红楼梦》的内涵丰富,通过对贵族之家的奢靡生活、礼法制度、人情关系的描写,展现了社会悲剧的根源,被称为"中国封建社会的百科全书"。

在四大名著中,中国传统人文、社会、伦理、历史、地理、民俗等方方面面都得到了集中的展现,是中国文化精华的浓缩。无论在艺术表现还是思想深度上,四大名著都代表了中国古典小说的巅峰。

# 第二节　中国现当代文学

## 一、中国现代文学的发展、代表人物及其作品

清朝末期,封建社会制度逐渐崩塌,中国古典文学也在社会的变革中逐渐走向尾声。政治革命不断发生,社会动荡的时局下,人们的生活方式、思想情感产生了巨大的变化,中国文学的创作也呈现出新的特点。

这一时期,规范严格的诗词文体不再受到人们的追捧,晦涩难懂的文言文逐渐脱离了大众的日常生活。同时,大量西方文学进入中国,给新时代的中国文学带来影响。

1917 年,文学家胡适发表《文学改良刍议》,标志着中国现代文学的开始。自此,文学创作提倡使用与人们生活中口头表达接近的白话文,并且涌现了大量以救亡图存为主题、结合社会时事的文学作品。

（一）小说

中国现代小说根植于中国风云变幻的社会现实,多以生活中的农民、工人、市民等为主要描写对象,且与当时的社会新思潮紧密结合,成为中国社会变革的重要推手。

鲁迅是中国现代文学的奠基人,也是中国现代文学史上最伟大的作家、思想家之

一。他的作品《狂人日记》是中国第一部现代白话小说,随后还创作了《孔乙己》《祝福》等短篇白话小说,作品多描写社会底层人物的悲惨命运,深刻揭示和批判了封建社会对人的精神伤害。鲁迅通过文学创作展现他对民族、社会的关心,体现了他与封建旧思想、旧文化斗争的精神,为中华民族留下了宝贵的精神财富。

茅盾是中国现代著名作家和社会活动家。他的小说追求思想深度,对时代进行全景式描写,是展现中国现代社会演变的历史画卷。代表作有《子夜》《春蚕》《林家铺子》等。

巴金以其成就卓著的作品赢得了广大读者的爱戴和尊敬。他的小说批判封建思想和黑暗专制,表达对美好人生的爱与对自由生活的追求,代表作有《激流三部曲》《爱情三部曲》。

老舍是中国现代著名作家,创作了小说《骆驼祥子》《四世同堂》和话剧《茶馆》等经典作品。他善于用地道的北京口语和幽默风趣的语言来描绘城市贫民的生活,并用以小见大的写作手法,通过个人或家族的命运来反映矛盾重重的社会现实。

张爱玲是中国现代文学史上著名的女作家。她以独特的女性视角开辟了新的创作题材和写作方式,将爱情、婚姻、女性的处境等话题加入作品中。在《倾城之恋》《金锁记》《半生缘》《红玫瑰与白玫瑰》等作品中,张爱玲对当时社会中被压抑、被摧残的女性的悲惨命运进行了深入的刻画,并尝试探讨那个时代女性的精神世界。

（二）诗歌及戏剧

这一时期,中国的诗歌及戏剧创作也进入了全新的时代。适应时代的要求,使用白话进行创作,并且打破旧体诗词形式的现代诗歌大量出现,诞生了一批著名的现代诗人和经典作品,例如郭沫若的《女神》、徐志摩的《再别康桥》、闻一多的《死水》、戴望舒的《雨巷》等。而在戏剧领域,反对封建思想、关注现实人性的剧作出现,田汉、曹禺、老舍、夏衍等作家留下了大量经典戏剧作品。

郭沫若是中国新诗歌运动的奠基者。他早期的诗歌充满"狂飙突进"式的时代精神,激情似火山喷发,气势磅礴,表达对祖国浓烈的深情和对国家命运的关注,也洋溢着对个性解放、生命力、创造力的崇拜和赞美。代表作有《凤凰涅槃》《天上的街市》《炉中煤》《地球,我的母亲》等。

《再别康桥》以诗人徐志摩离开英国康桥（今通译为"剑桥"）时的情感为线索,生动细腻地描绘了康桥胜景,表达了对过去生活的怀念与离别的忧伤。全诗的节奏错落有致,富有音乐美。

诗人闻一多在《死水》中运用"死水"这一事物对旧中国社会进行讽刺与抨击。节奏分明、形式对称的语言表达出他面对黑暗现实时的愤怒之情和希望改变社会的强烈愿望。

诗人戴望舒在《雨巷》中描绘了一个"撑着油纸伞"的姑娘独自在雨巷徘徊的场景。诗人受到法国诗歌的影响,将"姑娘"比作心中朦胧的理想,忧伤的气氛透露出他对未来的迷茫。

曹禺是中国现代话剧史上最重要的剧作家之一。在曹禺的剧作中,戏剧冲突与人物个性都得到了恰当展现,富有感染力的语言直击人心。《日出》《原野》等作品受到读者和观众的喜爱,被翻译成多国语言。而他最著名的作品《雷雨》被认为是中国现代话剧成熟的标志。

## 二、中国当代文学的发展、代表人物及其作品

1949 年新中国成立后,中国文学进入当代时期。社会的不断变化促使文学创作经历了不同阶段的发展变化。新中国成立之初,很多文学作品都结合了政治时事,包含着与战争、旧的社会观念作斗争的思想,有曲波的《林海雪原》、赵树理的《小二黑结婚》、周立波的《暴风骤雨》、王蒙的《组织部来了个年轻人》等。至 80 年代,改革开放使得文学创作活跃起来,许多作品表现了社会快速变化中凸显的复杂多样的情感和对生活的反思,如路遥的《平凡的世界》、汪曾祺的《受戒》等。随后,社会经济高速发展,多种文学思潮并存,作品体裁丰富,语言风格多样,诞生了陈忠实、王朔、莫言、余华等一批著名作家。

（一）小说的创作

路遥是当代著名作家,他的长篇小说《平凡的世界》描绘了中国 20 世纪七八十年代的城乡生活,以孙家兄弟的劳动、爱情为主线,刻画出普通民众在奋斗发展中所经历的曲折道路。

莫言是中国首位诺贝尔文学奖获得者。他经历过近 20 年的农村生活,对农村生活的魅力与残酷有深刻的洞察。他的代表作有《红高粱》《蛙》。他用带有魔幻色彩的语言对农村劳动的辛苦与喜悦、人民的真诚纯粹与愚昧麻木进行了深刻又生动的描写。

（二）诗歌的创作

在中国当代文学时期,在社会经济的变化发展和多种文学思潮涌现的环境下,多样的题材、多元的审美、鲜明的个性纷纷涌现,当代诗歌得到蓬勃发展。

余光中是当代著名诗人、作家。他的语言风格多样,既可以用壮阔豪放的语言表达理想与思考,又可以用细腻温情的语言描绘乡愁或爱情。他运用新颖的比喻和优

美的韵律,结合传统诗歌与现代诗歌的特点,留下了《乡愁》《白玉苦瓜》等经典作品。

舒婷是中国当代朦胧诗派的代表人物之一。相较于同时期的一些诗人深刻而尖锐的语言风格,舒婷的语言更加细腻委婉。她的诗作中常表达出对个体生命与精神的关怀。在她的代表作《致橡树》中,舒婷用凌霄花、鸟儿、春雨等充满温情的形象来描写她独立的人格理想和爱情观念,真诚细腻的情感与理想的光辉相融合,受到众多读者的喜爱。

此外,郑愁予的《错误》、北岛的《回答》、顾城的《一代人》、海子的《面朝大海,春暖花开》等也成为这一时期的著名诗作。

**知识链接**

### 当代诗一首
#### 面朝大海,春暖花开
海 子

从明天起,做一个幸福的人
喂马,劈柴,周游世界
从明天起,关心粮食和蔬菜
我有一所房子,面朝大海,春暖花开

从明天起,和每一个亲人通信
告诉他们我的幸福
那幸福的闪电告诉我的
我将告诉每一个人

给每一条河每一座山取一个温暖的名字
陌生人,我也为你祝福
愿你有一个灿烂的前程
愿你有情人终成眷属
愿你在尘世获得幸福
我只愿面朝大海,春暖花开

（三）通俗流行文学的创作

通俗流行文学是一种通俗易懂、情节引人入胜，可以满足读者休闲娱乐需求的文学类型。20世纪以来，随着中国经济社会的快速发展，文学创作逐渐由少数文人墨客的艺术欣赏走向大众。包括言情小说、武侠小说、科幻小说等在内的通俗流行文学异军突起，收获了大量的读者，丰富群众文化生活的同时也产生了广泛的影响。

1. 武侠小说

武侠小说这一小说类型在魏晋唐时就有所发展。古代旧武侠小说大多是描写各类身怀绝技的侠客用高超本领见义勇为的故事。近代以来，武侠小说在继承中国传统文化特色的同时，逐渐拓宽题材，并使用白话文写作，形成了新武侠小说。

金庸以他创作的新武侠小说而闻名。他将爱国、仁义、智勇等中华传统思想文化融入作品，在充满奇妙想象的故事背景中，塑造了众多武功高强、敢爱敢恨、心怀天下的英雄人物，在曲折动人的情节中展现"为国为民，侠之大者"的正义精神。他的《射雕英雄传》《倚天屠龙记》《天龙八部》等经典作品广受读者喜爱。

还有梁羽生、古龙、温瑞安等著名武侠小说作家，著有《七剑下天山》《绝代双骄》《楚留香传奇》《四大名捕》等作品，且多数被改编成电影、电视剧、网络游戏等多种形式，深受好评。

2. 科幻小说

科学技术高速发展的时期，以对科技和未来世界的想象为主要内容的科幻小说蓬勃发展。

刘慈欣是中国科幻小说代表作家之一。他善于运用独特的写作手法描绘生动紧张的情节，塑造奇妙的幻想世界。在他的作品中，可以感受到自然和科学的强大力量，以及作者对科学技术的乐观态度。刘慈欣凭借长篇小说《三体》获得由世界科幻协会颁发的科幻成就奖（俗称"雨果奖"）的最佳长篇故事奖，是首位获得此奖项的亚洲作家。

# 第三节　书法与绘画

人们谈起中国的书法和绘画时，通常会说"书画同源"，意思是说"中国书法和中国绘画的源头是一致的，是共同的"。

## 一、中国书法

中国书法是以汉字的点画书写来表现作者的精神、气质和审美的独特艺术。

中国书法艺术的产生和发展得益于两个重要元素。第一个元素是汉字。汉字是以象形为基础的方块文字，具有独特的优美形式，为书法艺术的形式感提供了条件，也是中国书法区别于其他种类书法的主要标志。

汉字的演变先后经过甲骨文、金文、篆体字、隶书、草书、楷书、行书等七种形式，书法也随之出现了篆书、隶书、楷书、行书、草书等字体形式。篆书大多因形立意，或因意造型，看起来古拙典雅；隶书横画长，直画短，呈扁平长方形状，形象工整精巧；楷书形体方正，笔画平直却不显呆板，端庄协调。篆、隶、楷三种字体被视为"正体"，行书和草书则是书写快捷化后的形式，实用性强，又有流畅的节奏。行书下笔讲究顺势而为，灵活多变，集便捷性和美观性于一体；草书的特点是笔画省略，相互联结，有极大的灵活性，是最能够表达书者情感的书体。每种字体流派都有大量的名家名作流传至今，例如李斯的篆书作品《峄（yì）山碑》，汉代隶书代表作品《曹全碑》，颜真卿的楷书作品《颜氏家庙碑》，王羲之的行书作品《兰亭集序》，张旭的草书作品《古诗四帖》等。

影响中国书法艺术发展的第二个元素是毛笔。毛笔的发明是中国书法艺术，乃至绘画艺术产生的基础。由动物的毛做成的毛笔柔软且富有弹性，运用不同的书写手法可以产生丰富的变化。毛笔在运用中可以有推拉、移动等横向的变化，还有提、按、顿、挫等纵向的变化，既可以表现刚健的力量感，又可以表现细腻的柔美感。

在古代中国，除了毛笔之外，书写还需要墨、纸和砚。这四种工具共同构成人们所说的"文房四宝"。毛笔是书写的首要工具，多数以狼、羊、兔的毛为原料。品质好的毛笔经久耐用，刚柔适中，能保障书写者运笔的流畅。至于墨，原本是块状的黑色颜料，后来也有各类彩色墨。使用墨时，需要在砚台里加少许水用力研磨，产生墨汁，用于书写。古代以徽州所产之墨和广东肇庆产的端砚最为有名。古人多以宣纸作为书法和绘画的用纸。宣纸质地绵韧，色泽光洁，吸水性较好，且不易变色腐坏，用墨汁在上面写字时墨迹清晰，层次分明。毛笔和墨、宣纸相互搭配组合，可以产生十分丰富的变化，使得以书法艺术为典型代表的传统艺术具有极深的韵味和无限的可能性。

### 王羲之和《兰亭集序》

王羲之是晋代书法家,他的书写风格平和自然,用笔细腻,字体结构多变,广采众长又自成一家,影响深远,被誉为"书圣"。

《兰亭集序》是王羲之为一部诗集所作的序言。浙江绍兴兰渚山下,王羲之与好友聚会,饮酒作诗。这次聚会留下的很多诗篇被编成诗集,王羲之还为这本诗集写了一篇热情洋溢的序言。这件书法作品便由此而来。作品通篇疏密得当,错落有致,笔法灵动飘逸,丰富多变,全文有 20 个"之"字却各不相同,极具美感,被称作"天下第一行书",是中国书法作品的瑰宝。

## 二、中国绘画

中国画简称"国画"。中国画是中国传统的绘画形式,用毛笔、墨和各类颜料在特制的宣纸或绢上作画,以人物、山水、花鸟等为题材,使用工笔、写意、勾勒、水墨等技法,体现人们对自然、社会、哲学、宗教、道德、文艺等方面的认识,展现出独特的中国传统美学。

与西方绘画的原则不同,中国画重在神似不重形似。气韵生动一直是中国画的最高原则,比起描摹外在形状,更主张精神境界的呈现。无论是山水画还是花鸟画,都有一个重视呈现人心灵境界的传统。中国古代画家喜欢画梅兰竹菊"四君子",不仅因为这些花木美,更因为它们是人的品格的象征。画家通过对这些事物的描绘表现自我个性和追求,表达心中的宇宙。

所谓写意,就是把内心想要表达的含义画出来。因此,写意画不追求完全忠实于现实,而是强调以简练的笔墨表现事物的神韵,展现画家的精神世界。如清代画家郑燮的《墨竹图》,以画幅上两三枝从石缝中挺立而出的竹子来表现竹子坚韧不拔、遇风不倒的特质,借此表达自己勇敢面对现实、不屈服于挫折的人格。

工笔是追求工整细致的画法。工笔画虽然强调精致严谨的描绘方式,但依然追求神形兼备的艺术效果。例如唐代周昉的《簪花仕女图》,在细腻描绘图中仕女的衣着装饰、面部色彩的同时,用流畅的线条描绘她们的自然动态,呈现富有美感的内容。

水墨画则是不用或少用色彩,使用浓淡不同的黑色墨水作画。它是中国画的典型面目。唐代书画艺术家在道家思想的影响下，追求自然朴素的艺术风格。于是，画家们以水墨代替青绿着色，用浓淡不同的墨色展现丰富的色彩层次。以水墨技法绘制山水画，会呈现近处写实、远处抽象、色彩微妙、意境丰富的特点。如元代画家黄公望所作的《富春山居图》，用淡雅的墨色描绘浙江富春江的风光。画中山和水的排布错落有致，层次丰富的墨色展现出层叠远山及江边沙碛、波影，画面幽静辽阔，流露出作者淡泊豁达的精神理想，被誉为"画中之兰亭"。

**知识链接**

### 清明上河图

北宋时期经济繁荣，市民娱乐活动丰富。北宋画家张择端用一幅超过 5 米的长卷生动写实地记录了中国 12 世纪北宋都城东京（又称"汴京"，今河南开封）汴河两岸的城市风光和当时社会各阶层人民的生活状况。这就是中国十大传世名画之一的《清明上河图》。

《清明上河图》运用娴熟的阴影和远近透视关系技法，绘制了数量庞大的各色人物，牛、骡、驴等牲畜。车、轿、船只、房屋、商铺、桥梁、城楼等各有特色，既有宏大的场景建构，又有翔实的细节描绘，具有很高的艺术价值。同时，图中所展现的城市面貌是北宋时期汴京城繁荣的见证，也是当时城市经济情况的写照，具有很高的历史价值。

# 第四节　中国音乐与戏曲文化

中国是世界上音乐文化发展最早的国家之一。在八千多年的音乐文化及音乐思想融合中，形成了现在我们所看到的源远流长的浩瀚音乐海洋。

## 一、中国古代音乐

出土于河南舞阳县贾湖的骨笛，是目前中国已知最古老的乐器，它表明中国的音乐文化已有八千多年的历史。当时，原始音乐的形式是以歌、舞、乐相结合的乐舞，其中歌唱和舞蹈具有重要地位，节奏因素较为突出。到了远古、夏、商时期，音乐在内容上产生了重大变化,从歌颂天地、神逐渐转变为歌颂人。最具代表性的是六代乐舞:黄帝《云门大卷》、尧《大咸》、舜《箫韶》、夏《大夏》、商《大濩》、周《大武》。

西周、春秋战国时期中国的社会制度有了很大变化,经历了奴隶制社会由鼎盛到衰落,并逐渐过渡到封建社会的过程,文化上也由"无物而不在礼"的一元文化发展到了"百家争鸣"的多元文化,为音乐文化多元化发展奠定了基础。其间出现了流行于北方的《诗经》、流行于南方的《楚辞》、最早的说唱音乐《成相篇》,以及中国最早的且一直沿用至清朝的乐器分类方法"八音分类法"等优秀作品和音乐理论。

中国历代都有乐府一类的音乐机构,掌管歌乐舞蹈的收集、整理、制作及演出。其中,汉乐府的成就及影响最大。汉乐府的最大成就是采诗,在全国范围内进行大规模的民间乐歌的采集整理活动,使大量表达人民喜怒爱憎的优秀民间歌谣得以保存和流传。乐府更重要的任务是为诗赋配乐。汉代乐府的规模很大,演出场面也相当可观,达到"千人唱,万人和,山陵为之震动,川谷为之荡波"的地步。《陌上桑》《西洲曲》等民歌作品是不同朝代乐府的代表作,其中的唱词也是流传至今的经典文学作品。

隋唐时期,各种文化艺术都达到了新的高度,在当时世界文化领域处于领先地位。当时国力强盛,使得宫廷音乐得到大力发展,其中燕乐歌舞大曲这种结合歌、舞、乐的大型多段结构乐舞在宫中极为盛行,最有名的当属唐玄宗李隆基所作的《霓裳羽衣曲》。直到现在,它仍是音乐舞蹈史上的一颗璀璨明珠。

宋朝国力不如唐朝昌盛,又大力推崇儒家文化的节俭思想。因此,唐朝盛大华美的宫廷音乐逐渐衰落,缩小规模重新整编,形成新的宋朝特色宫廷音乐。到了南宋时期,宫廷音乐进入了前所未有的低谷期。宫廷乐府被取消,歌舞姬丧失了生存场所,不得已转向民间演艺场所求生。他们带来的宫廷乐舞促进了市井音乐文化水平的提高,市民文化逐渐占据了主流市场,这为后来元、明、清时代戏曲的快速发展奠定了基础。

## 二、中国现当代音乐

清朝末期,中国社会政局不稳,经济萧条,受西方文化影响,出现了提倡民主与科学的"新文化运动",西方音乐教育体系进入中国。1927 年在上海设立的国立音乐院(今上海音乐学院)是中国第一所音乐院校,为中国现代音乐的发展奠定了基础。与此同时,一批优秀的音乐家及优秀作品涌现,如李叔同的《送别》、萧友梅的《问》、赵元任的《教我如何不想她》、黄自的《思乡》等等。他们中还有著名的无产阶级音乐家聂耳,他是中华人民共和国国歌《义勇军进行曲》的创作者,他的其他代表作品还有《铁蹄下的歌女》《卖报歌》《金蛇狂舞》等。著名的"人民音乐家"冼星海创作的《黄河大合唱》是以黄河为背景的大型合唱声乐套曲,歌颂了中国人民在抗日战争中坚强不屈的斗争精神,是中国近现代音乐史上里程碑式的杰作。

新中国成立后,音乐思潮从救国、抗争逐步过渡到回忆旧时光、对美好未来的向往以及影视作品配乐当中,涌现了一批如贺绿汀、朱践耳、谷建芬等优秀的现当代音乐家,创作出大批令人耳熟能详的作品,如《唱支山歌给党听》《年轻的朋友来相会》《游击队歌》《让我们荡起双桨》《在银色的月光下》等等。

改革开放以后,港澳台地区的流行音乐逐渐走入内地,涌现出一批优秀歌手和许多脍炙人口的经典作品,如《光辉岁月》《东方之珠》《光阴的故事》《童年》等等。内地在经济蓬勃发展的同时,国际化程度不断提升,音乐艺术在立足民族音乐的基础上不断融入世界音乐文化,呈现出年轻化、时尚化的特点,出现了许多优秀的作品,如《同一首歌》《天路》《祝你平安》《传奇》《弯弯的月亮》等。

## 三、中国传统乐器

中国的传统民族乐器种类繁多,各具特色,约有二百多种。按传统习惯,依照乐器的形制、演奏方式、性能等,民族乐器可以分为吹管乐器、拉弦乐器、弹拨乐器和打击乐器四类,俗称"吹、拉、弹、打"。

1. 吹管乐器

中国吹管乐器大部分声音较亮,色彩鲜明,擅长演奏流畅的旋律,因此常用来演奏主旋律,也常常担任独奏。常见的汉族吹管乐器有笛、箫、唢呐等。

笛子是迄今为止发现的最古老的汉族乐器,也是汉族乐器中最具代表性、最有民族特色的吹管乐器。除了原始的骨笛,大部分笛子是竹制的,但也有石笛、玉笛等不同材质的笛子。笛子常在中国民间音乐、戏曲、中国民族乐团、西洋交响乐团和现代音乐中使用。使用笛子演奏的代表作品有《姑苏行》《牧笛》等。

2. 拉弦乐器

中国的拉弦乐器品种很多,形制各异,都是在胡琴的基础上变化而来的。常用的有大小各异的二胡、高胡、中胡、板胡、京胡等等。拉弦乐器音色柔和而优美,擅长演奏歌唱性旋律,有极其复杂的演奏技巧与很强的表现力,是民族乐队的主要组成部分。

二胡是传统拉弦乐器的代表之一。它最早发源于我国古代北部地区的少数民族,那时叫"奚(xī)琴",至今已有一千多年的历史。到了宋代,又被称为"嵇(jī)琴"——嵇康所制之琴。宋元明清时期,戏曲、曲艺最主要的伴奏乐器是源自蒙古、西域的马尾胡琴(又称"二弦琴"),经与前朝留下的嵇琴等融合,创制出新颖的胡琴。这一乐器的出现标志着中国弓弦乐器走向成熟。到了近代,胡琴正式更名为二胡。二胡演奏家刘天华借鉴了西方乐器的演奏手法和技巧,将二胡定位为五个把位,并发明了二胡揉弦,从而扩充了二胡的音域范围。二胡因此从民间伴奏中脱颖而出,成为独奏乐器。使用二胡演奏的代表作品有《二泉映月》《赛马》等。

3. 弹拨乐器

弹拨乐器包括用手指或拨子弹奏,以及用琴杆击弦而发音的乐器。弹拨乐器的音色大都清脆明亮,适合演奏活泼跳荡的旋律,节奏鲜明,表现力强,很有特色,是中国民族乐器中的重要组成部分。按不同的形制和演奏姿势,弹拨乐器大体可分三类——抱奏的乐器,如琵琶、三弦等;弹奏的乐器,如古琴、筝等;击奏的乐器,如扬琴、竹琴等。

琵琶是中国传统弹拨乐器,已有两千多年的历史。演奏琵琶时竖抱,左手按弦,右手五指弹奏,既可以独奏、伴奏,又可以重奏、合奏。中国琵琶后来传到东亚其他地区,发展成现在的日本琵琶、朝鲜琵琶和越南琵琶。使用琵琶演奏的代表作品有《十面埋伏》《春江花月夜》等。

4. 打击乐器

打击乐器是中国民间歌舞、说唱、戏曲中不可缺少的伴奏乐器。由于打击乐器音量洪大、音色丰富、节奏鲜明,因此常在庆祝和娱乐活动中用来营造热烈的气氛,表达欢快的情绪。中国的打击乐器可分为鼓类、锣类、钹类、板类等,有云锣、定音鼓、方响、编钟、编磬等代表乐器。

鼓是中国传统的打击乐器,品种非常多,有腰鼓、大鼓、铜鼓、花盆鼓等等。由于鼓有良好的共鸣作用,声音激越雄壮而传声很远,所以很早就被华夏祖先用来为军队助威。鼓被作为乐器使用是从周代开始的,从原始的陶鼓、土鼓、皮鼓、铜鼓,一直发展到种类繁多的现代鼓。鼓声紧紧伴随着人类,从远古的蛮荒一步步走向文明。时至今日,不管是民族乐队、戏剧、歌舞等艺术表演,还是赛船舞狮、喜庆集会、劳动竞赛等活动都离不开鼓类乐器。鼓的代表作品有《秦王点兵》。

## 四、中国戏曲艺术

戏曲是中国的传统戏剧形式,是将文学、音乐、舞蹈、美术、武术、杂技等聚合在一起的舞台艺术。这种表现中国传统美学的高度综合性戏剧艺术成为世界三大古老的戏剧文化之一,展现出独树一帜的艺术价值。

早在宋朝末期至元朝时,在商业发达、经济繁荣的南方地区便开始流行以歌舞故事为主体的戏剧表演,被称作"南戏"。南戏的形成也是中国戏曲艺术正式确定的标志。明清时代,戏曲音乐繁荣发展,南戏逐渐向北方传播,结合不同地域的特点衍变为海盐腔、余姚腔、昆山腔、弋阳腔"四大声腔",其中的昆山腔又称"昆曲",后来被称为"百戏之祖"。"四大声腔"在与全国各地方小戏种的融合碰撞之下逐渐形成了繁荣的戏曲文化。直到今天,中国各地区的戏曲剧种约有三百六十多种,传统剧目数以万计,以京剧、越剧、黄梅戏、评剧、豫剧五大戏曲剧种为代表,共同形成了瑰丽灿烂的中国戏曲世界。

### 中国国粹——京剧

京剧又称平剧、京戏等,分布地以北京为中心,遍及全国各地,是中国影响最大的戏曲剧种,有"国剧"之称。京剧在文学、表演、音乐、舞台美术等各个方面都有一套规范化的艺术表现形式,以二簧、西皮为主要声腔,伴奏分文场和武场两大类,其中文场以胡琴为主奏乐器,武场以鼓板为主。京剧大多以历史故事为主要演出内容,传统剧目约有一千三百多个,常演的在三四百个以上。1919 年,京剧大师梅兰芳率剧团赴日本演出,首次向海外传播京剧艺术;之后,梅兰芳又率团到美国、欧洲等多地演出、访问,向世界展示京剧的魅力。如今,以京剧大师梅兰芳为代表的京剧表演体系被视为东方戏剧表演体系的代表,是世界三大表演体系之一。2010 年,京剧被列入联合国教科文组织非物质文化遗产名录、人类非物质文化遗产代表名录。可以说,京剧是中华民族传统文化的重要组成部分,其中的多种艺术元素如今也成了中国传统文化的象征符号。

京剧的角色分为生、旦、净、丑等行当,各行当都有自己的一套表演程式。生行是扮演男性角色的一种行当,其中包括老生(帝王及儒雅文弱的中老年人)、小生(年轻英俊的男性角色)和武生(勇猛战将或是绿林英雄)。旦行是扮演各种不同年龄、不同性格、不同身份的女性角色。旦行分为正旦(青衣)(端庄娴雅的女子)、花旦(天真活泼的少女或性格泼辣的少妇)、武旦(勇武的女性人物)和老旦(扮演老年妇女)。净行俗称花脸,又叫花面,一般都是扮演男性角色。净行可分为正净(大花脸,地位较高、举止稳重的忠臣良将)、副净(二花脸,俗称架子花脸,大多是性格粗豪莽撞的人物)和武净(武花脸,以武打为主的角色)。丑行又叫小花脸、三花脸,包括文丑(伶俐风趣或阴险狡黠的角色)和武丑(精明干练而风趣幽默的豪杰义士)。

京剧的代表作品有《群英会》《贵妃醉酒》《定军山》《霸王别姬》等。

# 第五节　中国建筑文化

中国地大物博,建筑艺术源远流长,具有悠久的历史传统和光辉的成就。从陕西半坡遗址发掘的方形或圆形浅穴式房屋发展到现在的摩天大楼,中国的建筑在不断发展、不断前行。

## 一、中国传统建筑

中国传统建筑由于地域不同,建筑风格各有差异,但组群布局、空间结构、建筑材料、装饰艺术等方面却有着共同的特点。中国传统建筑类型很多,主要有宫殿、陵墓、坛庙、寺观、佛塔、桥梁、民居、园林建筑等。

### (一) 宫殿

中国经历漫长的封建社会,各个朝代的帝王为显示皇家至高无上的地位和统领天下的威严,往往大兴土木,营建各种雄伟壮观、富丽堂皇的宫室殿堂。从秦汉时期开始,宫殿建筑始终在中国古代建筑中占有重要的位置。现存规模最大、最完整、最精致的宫殿建筑群当属北京故宫。

故宫规模宏大,是明清两朝的皇宫,也是目前世界上最大的木结构建筑群,先后住过24位皇帝。仅以宫殿的核心部分紫禁城为例,东西长760米,南北长960米,占地面积720 000多平方米。故宫分为皇帝处理政务的外朝和皇帝、后妃居住的内廷两大部分。外朝主要由太和殿、中和殿、保和殿"三大殿"组成。内廷以乾清宫、交泰殿、坤宁宫等"后三宫"为主体,左右各有东六宫、西六宫,以供嫔妃居住,俗称"三宫六院"。故宫整体采取严格的中轴对称布局方式。宫殿中木质的梁柱、门窗等多被漆成了象征喜庆、富贵的朱红色,屋顶铺设象征皇权的金黄色的琉璃瓦,各类装饰陈设都充分反映了古代严格的封建礼制,可以说是建筑艺术的博物馆。自明朝永乐年间至今的 600 多年来,故宫不断地重建、改建,是中国古代劳动人民智慧和血汗的结晶。

### (二)帝王陵墓

陵墓是中国古代帝王的坟墓,实际上包括陵墓及其附属建筑,合称为陵寝。中国从第一个奴隶制王朝夏到最后一个封建王朝清,历时 3 000 余年,共有帝王 500 余人。至今地面有迹可循、时代明确的帝王陵寝共有 100 多座。这其中要数秦始皇陵最有代表性。

秦始皇陵的修建历时 37 年,是中国有史以来第一座规模庞大、设计完善、富丽堂皇的帝王陵寝,也是巨大的珍宝库。秦陵周围有众多形制不同、内涵各异的陪葬坑和墓葬,目前已探明的有 400 余座,其中包括"世界第八大奇观"兵马俑坑。兵马俑坑总面积 2 万多平方米,内有陶质兵马俑、战车等近 8 000 件,模拟古代军队编列,组成了一个壮观的军事场面。陶俑色彩鲜艳,栩栩如生,形象地再现了秦代军队的面貌,是当时高超的雕塑技艺的集大成者。

### (三)桥梁

中国自古就有"桥的国度"之称。古代桥梁的建筑艺术有不少是世界桥梁史上的创举,跨越水道、山涧,形成四通八达的交通网络,充分显示了中国古代劳动人民的非凡智慧与才能。

赵州桥是河北省石家庄市赵县的一座桥梁,因赵县古称赵州而得名。它由石块筑就而成,所以也被当地人称为"大石桥"。从公元 594 年开始修建,至 606 年建成,由隋朝匠师李春建造。它是世界上现存年代最久远、跨度最大、保存最完整的单孔坦弧敞肩石拱桥,在中国造桥史上占有重要地位,对全世界桥梁建筑都有着深远的影响。其"敞肩拱"的运用更为世界桥梁史上首创,比欧洲早了 1 200 多年。赵州桥建造工艺独特,桥体饰纹雕刻精细,具有较高的艺术价值。石拱桥的建造技术在明朝时曾流传到日本等国,促进了与世界各国人民的文化交流。

### (四)佛教建筑

佛教建筑包含寺院、塔、经幢(chuáng)、石窟寺等。佛教在汉代传入中国,佛教建筑在随后的南北朝至隋唐的四五百年间逐渐发展到高峰。

**少林寺** 少林寺位于河南省登封市,因坐落于嵩山腹地少室山茂密的丛林之中,故名"少林寺"。它是中国佛教禅宗祖庭,同时也是中国功夫的发源地之一。少林寺始是北魏孝文帝为他所敬仰的印度高僧跋陀尊者而建,现在已成为享誉全球的佛教寺庙,在中国佛教史上具有举足轻重的地位,被誉为"天下第一名刹"。少林寺因历代武僧潜心研创和不断发展的少林功夫而名扬天下,素有"天下功夫出少林,少林功夫甲天下"之说。

**布达拉宫**　布达拉宫位于中国西藏自治区首府拉萨市区西北的玛布日山上,是一座宫堡式建筑群。相传公元 7 世纪时,吐蕃赞普松赞干布始建,后来逐渐成为历代达赖喇嘛的居所。1961 年,布达拉宫成为中华人民共和国国务院第一批全国重点文物保护单位之一。1994 年,布达拉宫被列为世界文化遗产。布达拉宫的主体建筑分为白宫和红宫两部分。整座宫殿具有藏式风格,高 200 余米,外观 13 层,实际只有 9 层。由于它起建于山腰,大面积的石壁又屹立如削壁,使建筑仿佛与山岗融为一体,气势雄伟。

**莫高窟**　莫高窟位于古代丝绸之路的重要节点甘肃敦煌,是佛徒修行、观像、礼拜的场所,以它保存的大量绘画、佛像雕塑及佛典而闻名。莫高窟的开凿前后延续约 1 000 年,留存下来的有洞窟 735 个,保存壁画 4.5 万多平方米,彩塑 2 400 余尊,作品大多表现佛经内容及时代社会风貌,题材丰富,场面宏伟,色彩瑰丽。莫高窟是中国古代建筑、雕塑、壁画三者结合的艺术宝库,既是中国石窟艺术的集大成者,也是古代丝绸之路上不同文明之间对话和交流的重要见证。

**(五) 园林**

中国的园林艺术迄今为止已有超过 2 000 年的历史,是世界园林艺术起源最早的国家之一,并具有极其高超的艺术水平和独特的民族风格。中国古典园林的最大特点是讲究自然天成,通过改造地形、种植树木花草、营造建筑、布设园路等途径巧妙地把大自然的美景融合在人造的场所当中,是创造风景的一种艺术。

**1. 皇家园林**

皇家园林在古籍里面被称为"苑""囿""宫苑""御苑"。作为皇家生活环境的一个重要组成部分,园林往往利用真山真水,并且设计精美、风格华丽、富丽堂皇,形成了有别于其他园林类型的独特风格。

**圆明园**　圆明园位于北京西北郊区,毗邻颐和园,包括圆明园、长春园和绮春园,又称"三园"。圆明园是清代有名的宫廷花园,占地 350 多公顷,风景 150 多处,素有"万园之园"的美誉。清朝皇室每年夏天都会到圆明园处理政务,所以它又被称为"夏宫"。圆明园于 1860 年遭英法联军焚毁,包括先秦时代的青铜礼器,唐、宋、元、明、清历代的名人书画和各种奇珍异宝在内的文物被掠夺,粗略统计约有 150 万件。后来历经战争,圆明园又遭到不同程度的破坏,直到新中国成立后,政府开始对圆明园进

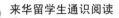
行整修工作。

**颐和园**　颐和园坐落在北京西郊,占地约 290 公顷,与圆明园毗邻,是以昆明湖、万寿山为基础,仿照杭州西湖,汲取江南园林的设计手法而建成的一座大型山水园林,也是保存最完整的一座皇家行宫御苑,被誉为"皇家园林博物馆"。清朝乾隆十五年(1750 年)至二十九年(1764 年),乾隆皇帝将北京西郊的四座大型皇家园林改建为清漪园,形成了从现在清华园到香山长达 20 千米的皇家园林区。颐和园现在与承德避暑山庄、苏州拙政园、留园并称为中国四大名园。

2. 私家园林

私家园林大多建在苏州、南京、杭州一带,因此也叫江南园林,其风格清新秀雅,手法精妙,具有山水画一般的独特魅力。江南园林往往以表现大自然的天然山水景色为主旨,在布局上讲究"曲径通幽""一步一景",园中的建筑与自然景物交融在一起,宛如天成,充分反映了"天人合一"的民族文化特色,表现了一种人与自然和谐统一的宇宙观。

**拙政园**　中国四大名园之一的拙政园位于江苏省苏州市,始建于明正德初年(16世纪初),是私家园林与江南古典园林的代表作品。拙政园中装饰有假山、水池,水里有锦鲤、荷花,水池的四边配有湖石,参差错落,动静结合,是极具韵味的游玩和居住空间。此外,拙政园的设计还巧妙地将诗画艺术和园林融为一体,如园林建筑上的匾额、楹联等都采用了相互呼应的书法、绘画、雕刻作品,展现出高雅的意趣,形成了中国园林艺术的独特风格。几百年来,拙政园几度分合,或为"私人"宅园,或为"王府"治所,留下了许多耐人寻味的遗迹和典故。

**留园**　留园占地约 30 亩,其园内的建筑数量在苏州诸园中是最多的。厅堂、走廊、粉墙、洞门等建筑与假山、水池、花木等组合成数十个大小不等的庭园小品,能同时领略到山水、田园、山林、庭园四种不同的景色。留园在空间上的设计充分体现了古代造园家的高超技艺、卓越智慧和江南园林建筑的艺术风格与特色。

(六) 民居

民居是中国各种建筑类型中最基本、出现最早、分布最广、数量最多的一种。中国地域辽阔,民族众多,各地的地理气候条件和生活方式都不相同,人们居住的房屋的样式和风格也大不相同。

**四合院**　四合院是北方城市的各个胡同中,由东、南、西、北四面房屋围合起来的院落式住宅,以北京地区的四合院最为典型。四合院采取中轴对称的方式布局,大门一般开在东南角或西北角,院中的北房为正房,是院主人的居所。院子的两边建有东西厢房,是晚辈们居住的地方。正房和厢房之间用走廊连通。四合院的围墙和临街的房屋一般不对外开窗,院中的环境封闭而幽静。最简单的四合院只有一个院子,富贵人家居住的大院则是由好几座四合院并列组成的。但不论规模大小,它们都是由一个个四面房屋围合的庭院组成的,因此被称作"四合院"。

**窑洞**　窑洞是黄土高原上的特色民居。生活在黄土高原上的人们利用那里又深又厚、立体性能极好的黄土层,建造了这种独特的住宅。窑洞由土窑、石窑、砖窑等不同材质造成,冬暖夏凉,保温隔音效果好。随着社会的发展,窑洞的建造也得到了不断改进,人们在窑洞周围建起围墙,围成院落,院中有水池,堂前屋后种植着花草盆景,各处的梁柱和栏板上雕刻着精美的图案。窑洞被建筑学家们赞为"古民居建筑艺术的宝库"。

**福建土楼**　福建土楼形成于宋元时期,是南迁的北方族群为维护家族的共同利益,保障居住安全而建起的。早期土楼规模较小,结构较简单,基本为正方形和长方形。到了清代和民国时期,随着经济的发展和人口的增长,建造了规模更为宏大的殿堂式土围楼以及方形、圆形等类型更多样化的土楼。

**蒙古包**　蒙古包是蒙古族等游牧民族传统的住房,是游牧民族为适应游牧生活而创造的易于拆装、便于游牧的居所。蒙古包呈圆形,帐顶及四壁覆盖毛毡,帐顶留一圆形天窗,以便采光、通风,排放炊烟。蒙古包最小的直径为 3 米,大的可容纳数百人甚至上千人。新中国成立后,蒙古族定居者增多,仅在游牧区保留有蒙古包。除蒙古族外,哈萨克、塔吉克等民族的牧民游牧时也居住在蒙古包中。

## 二、中国现当代建筑

1840 年鸦片战争爆发后,西方建筑风格进入中国,中国建筑开始呈现出中西交汇、风格多样的特点。传统的中国旧建筑体系仍然占据数量上的优势,但戏园、酒楼、客栈、商场等商业建筑开始突破传统的建筑格局,出现了中西合璧的样式。

1949 年中华人民共和国建立后,中国建筑进入了新的历史时期,大规模、有计划的国民经济建设推动了建筑的快速发展。中国现当代建筑在数量、规模、类型等方面都呈现出新的特点,逐步趋向开放、兼容,向多元化发展。

**人民大会堂**　人民大会堂位于中国北京市天安门广场西侧,西长安街南侧,坐西朝东,南北长 336 米,东西宽 206 米,高 46.5 米,占地面积 15 万平方米。它是全国人民代表大会开会地和全国人民代表大会常务委员会的办公场所,是中国举行重大政治活动的场所之一。

**人民英雄纪念碑**　人民英雄纪念碑位于北京天安门广场中心,是中华人民共和国为纪念中国近现代史上的革命烈士而修建的纪念碑。它于1958年4月22日建成,1961年被中华人民共和国国务院公布为第一批全国重点文物保护单位。人民英雄纪念碑高37.94米,正面碑心镌刻着毛泽东同志1955年6月9日所题写的"人民英雄永垂不朽"8个金箔大字。背面碑心内容为毛泽东起草、周恩来书写的150字小楷字体碑文。

**南京长江大桥**　南京长江大桥位于江苏省南京市。它在1986年成功建造,让被隔断在长江两岸的沪宁铁路和津浦铁路实现了贯通,使火车过江时间由过去靠轮渡的1.5小时缩短至2分钟,成为中国南北交通的命脉之一。南京长江大桥是长江上第一座由中国自主设计和建造的双层式铁路、公路两用桥梁,既是新中国技术成就与现代化的象征,也是中国人追求发展、憧憬未来的情感依托,在中国桥梁史上具有重要地位。

**国家体育场**　国家体育场位于北京奥林匹克公园中心区南部,为2008年北京奥运会的主体育场,占地20.4万平方米,可容纳观众9.1万人。北京奥运会期间在这里举行了奥运会、残奥会开闭幕式,田径比赛等众多赛事。奥运会后成为北京市民参与体育活动及享受体育娱乐的大型专业场所,并成为地标性的体育建筑和奥运遗产。体育场的形态如同孕育生命的"巢"和摇篮,寄托着人类对未来的希望,因此被称作"鸟巢"。

**北京大兴国际机场**　北京大兴国际机场地处中国北京市大兴区,为4F级国际机场、世界级航空枢纽,2014年12月26日开工建设,2019年9月25日正式通航,可满足年旅客吞吐量7 200万人次的使用需求。新航站楼按照节能环保理念,采取屋顶自然采光和自然通风设计,同时实施照明、空调分时控制,积极采用地热能源、绿色建材等绿色节能技术和现代信息技术。

 想一想

1. 请简要介绍中国古代四大名著。
2. "文房四宝"指的是哪些物品?
3. 京剧的角色分为哪几种行当?
4. 简要描述私家园林的特点。

# 第九章　中国的传统习俗与饮食文化

中国的传统习俗与饮食文化集中体现了中国人的生活方式和价值观念。春节的饺子、元宵节的汤圆、中秋节的月饼、端午节的粽子，每一种食物都承载着深厚的文化意义和人们追求美好生活的愿景。

中国的饮食文化既体现在对食材的讲究、烹饪技艺的钻研，又体现在对一壶酒、一杯茶的品味中。酒文化与茶文化在中国历史悠久，不仅成了中国人饮品中不可或缺的一部分，更是中国人自古以来生活哲学的体现。

## 第一节　传统节日

中国的传统节日历史悠久，每一个传统节日都有着特定的习俗，充分展现了中国人民的品性、智慧和对美好生活的憧憬。

### 一、春节

> 爆竹声中一岁除，
>
> 春风送暖入屠苏。
>
> 千门万户曈曈日，
>
> 总把新桃换旧符。

这首诗为北宋著名的思想家、政治家和文学家王安石所写的《元日》，诗中描绘了春节的热闹场景。

中国农历新年第一天叫"春节"，这个时节大地回春，万物复苏，象征着新的一年的开始。春节的传统习俗主要有扫尘、贴春联、贴窗花、挂年画、守岁、放爆竹、拜年、吃团圆饭等等。人们通过这些习俗活动欢庆新春。现在人们还会在除夕晚上收看春节联欢晚会,给春节增添一份快乐的气氛。

## 二、元宵节

去年元夜时,花市灯如昼。

月上柳梢头,人约黄昏后。

今年元夜时,月与灯依旧。

不见去年人,泪湿春衫袖。

新年后的农历正月十五是元宵节,也是新年的第一个月圆之夜。早在1 000多年前,北宋文学家欧阳修就在《生查子·元夕》中描绘了元宵节赏灯的场景。

元宵节这天,各地的能工巧匠制作出形色各异的彩灯,并在彩灯上写上谜语。少男少女们也会在元宵节这天上街赏花灯、猜灯谜,和自己的心上人见面,因此也有人说元宵节才是真正意义上的中国情人节。

除了赏花灯,元宵节还有一个习俗是吃元宵。元宵外面是糯米,里面是各种口味的馅儿,通常是甜的芝麻或花生馅儿,象征着甜蜜与团圆。

## 三、清明节

清明时节雨纷纷,路上行人欲断魂。

借问酒家何处有,牧童遥指杏花村。

唐代著名诗人杜牧所写的这首《清明》诗家喻户晓,流传千年,描写了清明时节的气候特征以及对已故亲人的思念之情。

这个时节大地回春,雨水增多,是春耕播种的好时机。因此清明节成了指引农耕的重要节气,也是祭祀先人的重要节日。人们在此时给逝去的亲人扫墓,举行祭祀活动,表达对他们的思念之情。

## 四、端午节

樱桃桑葚与菖蒲,

更买雄黄酒一壶。

门外高悬黄纸帖,

却疑账主怕灵符。

清代诗人李静山在《节令门·端阳》中描写了端午节的场景。端午节在每年农历的五月初五。最初端午节是驱邪、避灾和求雨的节日。人们在端午节这天举行隆重的仪式,向龙王敬献贡品,以祈求来年风调雨顺。后来这个节日被用来纪念两千多年前遭受谗言陷害、投江而亡的爱国诗人屈原,并逐渐演变出划龙舟、吃粽子、门边插艾叶,小孩子挂香囊、拴五色线、口鼻耳朵抹雄黄酒等习俗。

## 五、七夕节

银烛秋光冷画屏,

轻罗小扇扑流萤。

天阶夜色凉如水,

卧看牵牛织女星。

杜牧的《秋夕》描写了一位孤单的宫女于七夕之夜仰望牛郎织女星的场景。农历七月初七是中国的七夕节,也叫"乞巧节"或"女儿节"。七夕节还与牛郎织女的爱情传说有关。相传,天上的仙女与凡间的牛郎相恋,他们的爱情不被允许,最后被迫分开。每年七夕这一天,喜鹊会在银河的两边搭一座鹊桥,让牛郎织女在桥上相会。在这个故事里,织女是一个美丽聪明、心灵手巧的仙女,如果在七夕这天向她祈求智慧、巧艺和美满姻缘,就能得到她的祝福。

## 六、中秋节

中庭地白树栖鸦,冷露无声湿桂花。

今夜月明人尽望,不知秋思落谁家。

这是唐代诗人王建的《十五夜望月寄杜郎中》,诗人写出了中秋节当晚"月光皎洁、栖鸦不惊、露湿桂花"的独特夜景,表达了对友人的思念之情。中秋节在农历八月十五,这一天的月亮往往是满月。圆在中国有着特殊的意义,它象征着圆满、团圆与统一和谐。因此在一年中月亮最圆最亮的时候和亲朋好友聚在一起赏月、吃月饼,表达的是中国人对美好生活的向往。

中秋节一定要吃月饼。传统的月饼有坚果、红豆沙、莲蓉、五仁等口味,现代人开始注意养生,又出现了水果口味的月饼。月饼的寓意是甜蜜、团圆,中秋节不能相聚的亲朋之间会寄去月饼以表思念。

## 七、重阳节

独在异乡为异客,

每逢佳节倍思亲。

遥知兄弟登高处，

遍插茱萸少一人。

这是唐朝著名诗人王维的《九月九日忆山东兄弟》，描写的是农历九九重阳节的场景，一直流传至今。重阳节在农历的九月初九，是菊花盛开的时候，此时秋高气爽、景色宜人，大地呈现出丰收的景象。登高、赏菊和插茱萸是这个节日的传统活动。重阳节已被列入中国第一批非物质文化遗产名录。重阳节这天人们会品尝美食——重阳糕。"糕"与"高"谐音，寓意步步高升。重阳节发展到现在还被确定为"老人节"，学校、社区等团体会组织年轻人或学生开展敬老活动，体现了中华民族尊老敬老的优良传统。

### 八、腊八节

怀君八日语，五见十年中。

险阻贫兼病，西南北又东。

两乡偻各健，一粥喜遥同。

木末临清晓，应披看雪红。

明代诗人葛一龙在腊八这天怀念他的亲友圣仆，写下了这首《腊八日怀圣仆》。农历十二月叫腊月，腊八节就在十二月初八这天。早在秦朝，人们就在腊八这天祭祀祖先和神灵，祈求丰收和吉祥。人们在这一天用各种谷物做成腊八粥，寓意"五谷丰登"。

# 第二节　中国饮食文化

### 一、中国"食"文化

中国被誉为"烹饪王国"。由于中国疆域辽阔，各地的气候、物产及地理环境不同，以及受不同民族和民俗的影响，形成了中国饮食一个很明显的特点——区域性。根据区域的不同可以分为八大菜系：鲁、粤、川、苏、闽、浙、湘、徽菜。这八大菜系又显示出南淡、北咸、西辣、东甜的特点。

北方菜的特点是食材鲜嫩、汤汁淳厚、浓香,大量使用葱蒜等作料,其烹饪方法以慢煮、慢炖、焖为主。同时小麦是北方的主要粮食,因此面食,如面条、饺子、馒头等为北方的常用主食。

北方菜中具有代表性的当属鲁菜。鲁菜指的是山东菜,口味咸重、辛辣,历史悠久,可以追溯到战国时期。历来有山东的厨师进入宫廷,为皇帝做菜,所以鲁菜又被称为宫廷菜。

北方菜代表性菜品有锅塌黄鱼、糖醋鲤鱼、北京烤鸭、四喜丸子等。

**知识链接**

### 美食传说·四喜丸子

　　四喜丸子有着吉祥喜庆的寓意。据传,唐朝一位诗人进京赶考,一举夺魁。皇帝非常赏识他的才智,招他为驸马。举行婚礼的当天,他把父母亲也接到了京城,并命令厨师制作一道吉祥的菜肴来庆贺。厨师端上了四个炸透蒸熟并且有汤汁的大丸子,他就问厨师寓意为何。聪明的厨师回答道:"四个'圆'代表四喜。一喜,老爷头榜题名;二喜,喜结良缘;三喜,做了乘龙快婿;四喜,合家团圆。"诗人听了哈哈大笑,连连称赞,并给这道菜命名为"四喜丸"。从此以后,每逢结婚等重大喜庆之事,四喜丸子都会成为宴席上的必点之菜。

南方菜的特点是口味清淡。南方省份大多临海,气候温和、雨量充沛,而且海产丰富、蔬菜品种多样,这样的资源条件造就了形式朴实、口味清香、甘醇鲜美的闽南菜系。而粤菜则更凸显南方菜鲜、嫩、爽、滑的特点,其选材具有广、博、奇的特点,力求"清中求鲜、淡中求美"。广东人还喜欢喝粥,到了广东处处可见粥店,其中及第粥非常具有代表性,用上好的糯米或大米制作而成,是广州地区的名小吃。

**知识链接**

### 美食传说·及第粥

　　相传在清朝时,广东有一位状元叫林召棠,他非常喜欢用猪肝、猪腰和猪肚与上好的大米放在一起煮粥吃。一次林状元请一位前御史喝这种粥。老御史品尝后连连称赞,问这是什么粥。林状元因为知道老御史有一个心愿,希望自己的儿子能金榜题名,于是便灵机一动给这个粥取名为及第粥(中国古代科举考试的头三名分别是状元、榜眼和探花,统称为"三元及第",所以这个粥也称"三元及第粥")。老御史回家后让儿子喝了这个粥,后来儿子果真中了状元。从此及第粥很快在当地传开。有些父母为祈求子女顺利考上大学,也会给孩子熬上一碗及第粥。

西部菜用料广泛,味多而深浓,以麻辣为特色。烹饪特点在于调味,味型多样、变化精妙,典型代表是川菜。四川属于亚热带气候,又地处盆地,气候多雨、潮湿。人们在长期的生活经验中发现辣椒、花椒等香料可以帮助身体发汗,起到体内祛湿的功效,于是在菜肴中加入辛辣的香料,慢慢地形成了川菜"五味调和""以味为本"的特点。川菜可以分为麻辣味型、辛香味型和咸鲜酸甜味型,代表性菜肴有川味火锅、宫保鸡丁、鱼香肉丝、麻婆豆腐、水煮牛肉、担担面等。

**知识链接**

### 美食传说·麻婆豆腐

相传清朝同治年间,四川成都有一个叫陈盛德的人与他的妻子在集市开了一个饭店。因他妻子的脸上长有麻子,人们便习惯地称她为麻婆。麻婆做得一手好菜,特别是她做的豆腐远近闻名。时常有不少挑油工在麻婆的店里用餐。麻婆就用他们油篓中的剩油炒制牛肉末,并与豆腐、豆豉蓉、豆瓣酱、干辣椒面合烹,然后撒些花椒面,特别美味,十分受欢迎。久而久之人们就称这道菜为"麻婆豆腐"。这道菜制作简单,味美价廉,很快就家喻户晓并流传至今,还成了享誉国内外的名肴。

东部菜体现了"东甜"的特点,选料讲究,遵循细、特、鲜、嫩四个原则,菜品小巧精细、鲜美滑嫩、脆软清爽、口味清淡。其中代表菜要数淮扬菜,也叫苏菜,结合了淮安、扬州和苏州三地的风味特点而成。淮扬菜烹调细腻,滋味甘美清香,摆盘丰富多彩,其选料严谨,制作精到,因材施艺。食材以河湖海鲜为主;刀工精细,追求原汁原味、清鲜平和;菜品风格雅致、形质均美。比如松鼠鳜鱼、大煮干丝、扒烧整猪头等。

**知识链接**

### 美食传说·松鼠鳜(guì)鱼

相传有一次乾隆皇帝下扬州,当他走进松鹤楼时,见到神台上供奉着鲜活的鲤鱼,一时兴起就要吃这条鱼。当地厨师为了不冒犯神灵,发现鲤鱼的头很像松鼠的头,而且本店招牌的第一个字就是"松"字,就将鱼做成松鼠的形状,回避了杀鱼神之罪。菜做好后,乾隆皇帝细细品尝,发现这道菜外脆里嫩、酸甜可口、色泽鲜亮、形似松鼠,因而赞不绝口。自此,松鼠鱼便闻名于世了。后来人们也用鳜鱼代替鲤鱼,味道更加鲜美。

中国地大物博,不同的地理位置和气候决定了不同的饮食文化。少数民族的饮食也有着鲜明的特色,比如蒙古族的烤全羊、维吾尔族的馕和大盘鸡、回族的油香和馓子。如果到桂林,就能品尝到壮族的竹筒饭和瑶族的油茶。

## 二、中国茶文化

中国有着悠久的饮茶历史,是茶的故乡,制茶、饮茶已有几千年历史。茶在中国是人们的必备饮品。

### (一) 茶的起源

茶叶源于中国,春秋后期被作为菜食,西汉中期发展为药用,西汉后期作为宫廷高级饮品,西晋以后才普及至民间。在浙江余姚的田螺山遗址发现了最早人工种茶的遗迹,已有 6 000 多年的历史。品茶、待客是高雅的休闲娱乐和社交活动。中国茶艺在世界享有盛誉,在唐代就传入日本,形成日本茶道。

### (二) 茶的分类

茶分类众多,主要是因为制茶的工艺不同决定了茶叶类型的不同。从茶树上采摘下来的新鲜嫩叶首先要被晾干去除部分水分,接下来将茶叶晾置,让其与空气充分接触产生氧化作用,这个过程被称为"发酵"。发酵程度的不同使得茶叶可以分为不发酵茶类、半发酵茶类和全发酵茶类,从而使茶叶有了不同的颜色。

1. 不发酵茶类

平时老百姓最常喝的绿茶属于不发酵茶,只需经过杀青、炒青、揉捻、干燥。绿茶当中的名品当属西湖龙井,主要产于浙江省杭州市西湖山区。这种茶的品质特色是清新透绿、味爽鲜醇,冲泡后叶芽倒立,具有色绿、香郁、味甘、形美的特点。

2. 半发酵茶类

半发酵茶有青茶(又叫乌龙茶)、白茶和黄茶,它们的发酵程度从 10％～70％不等。其中福建产的铁观音属于乌龙茶中的极品,它香郁持久,味道醇厚,入口留香回甘,因为茶叶质厚坚实,耐冲泡,深受大众喜欢。

3. 全发酵茶类

红茶类属于全发酵茶,在制作过程中,茶叶被空气充分氧化,颜色由碧绿逐渐转红,发酵程度越高,颜色越红。红茶的代表当属祁门红茶。它的颜色深红,泡出来的茶汤色泽红润清透、味香浓厚,是中国传统的出口商品。

## 三、中国酒文化

和茶一样,酒也是人们生活中常用的饮品,在中国有着悠久的历史和独特的意义。中国酒的起源可以追溯到新石器时代,考古学家在新石器时代出土的陶器中就找到了盛酒的器皿。中国人常饮的酒有白酒、黄酒、啤酒、葡萄酒、配制酒等等。

(一)白酒

中国的白酒是世界六大蒸馏酒之一,主要是通过对原料的发酵,用压榨的方式将汁和渣分离。中国白酒的原料与其他国家有所不同,蒸馏工艺也相对复杂,使得中国的白酒无色透明但入口香醇,其酒液晶莹透亮、清香纯正、幽雅芳香、绵甜爽净、酒体丰满、回味悠长。

(二)黄酒

黄酒是中国最古老的酿造酒,和葡萄酒、啤酒并称世界三大酿造酒。黄酒是通过对大米等谷物进行蒸煮、糖化和发酵、压滤而成的酿造酒。黄酒的营养价值较高,是中国人餐桌上常见的酒类。它还承载着特别的意义。有些家长在女儿出生时准备好几坛子黄酒埋在地下,等女儿出嫁时再取出来招待宾客。这种有着特殊意义的酒有个吉利的名字——"女儿红"。如果生的是男婴,也会在地下埋酒,盼望儿子长大饱读诗书、高中状元,等儿子结婚时用来招待亲朋,取名"状元红"。

(三)配制酒

中国传统中医讲究"药食同源"。早在春秋战国之前,人们就以蒸馏酒或发酵酒为酒基,再浸泡药材、果皮、果实、动植物等制成酒。这种酒很好地利用了酒的化学特性,让植物或动物中的营养物质或药用成分溶入酒中,起到养生和保健作用。

除此之外，中国人日常生活中也会喝啤酒和果酒。

中国有一句古话叫"无酒不成席"。中国的酒文化渗透在人们日常生活的各个方面，种类繁多，有酒令、划拳、射覆、曲水流觞等。这些形式多样的酒文化给饮酒增添了欢乐与兴致。比如曲水流觞是古代民间流传的饮酒作诗的一种传统习俗。农历三月三这天，人们相约坐在河道两旁，将盛满美酒的酒杯放置在河道上游，酒杯顺流而下，停在谁面前，谁就要吟诗一首，如果作不出来就要罚酒一杯。这个饮酒的游戏后来慢慢演变为祈福免灾的仪式。

从历代数不胜数的关于酒的诗句中不难看出酒文化在中国的重要意义："抽刀断水水更流，举杯消愁愁更愁"（唐·李白《宣州谢朓楼饯别校书叔云》）；"葡萄美酒夜光杯，欲饮琵琶马上催。醉卧沙场君莫笑，古来征战几人回"（唐·王翰《凉州词》）；"劝君更尽一杯酒，西出阳关无故人"（唐·王维《送元二使安西》）；"明月几时有，把酒问青天"（宋·苏轼《水调歌头》）；等等。在中国古代，酒被诗人、英雄豪杰赋予了浓烈的情感和浓厚的生活气息，人们通过酒来表达悲欢离合、人情世故。

# 第三节　其他文化习俗

## 一、二十四节气

二十四节气的划分是根据太阳的照射角度，先分为春夏秋冬四个季节，每个季节又分为六个节气，用来指导农业生产活动。为了方便记忆，人们还编写了二十四节气歌：

> 春雨惊春清谷天，
> 夏满芒夏暑相连，
> 秋处露秋寒霜降，
> 冬雪雪冬小大寒。

立春是二十四节气中的第一个节气。立春这天有"咬春"的习俗，也就是吃春饼，即春卷。接下来就是雨水、惊蛰、春分、清明、谷雨等节气。这个时节，春雨绵绵，昼夜对等，植物开始吸收水分，生根发芽，茁壮成长。

春季结束后就是夏季，由立夏开始。夏季的六个节气是立夏、小满、芒种、夏至、小暑和大暑。每年公历的 5 月 5 日至 5 月 6 日,当太阳到达黄经 45 度时,夏天就开始了。"立"是开始的意思,而"夏"意味着在春天播种的植物种子已经长大了,开始茂盛了。在接下来的小满、芒种、夏至、小暑和大暑节气中,气温开始升高,随之农作物也在充足的阳光和雨水中茁壮成长。

大暑之后就是立秋,气候特点是"立秋反比大暑热,中午前后似烤火"。立秋之后,日夜温差加大,"立秋早晚凉,中午汗湿裳"。立秋之后就是处暑、白露、秋分、寒露、霜降,这几个节气显示了气温由高转低的过程,慢慢地冬天就要到来了。

立冬是冬季的第一个节气,标志着冬季的开始,也是在提醒人们秋收冬藏。劳作了一年的人们在这时停止了农业劳动,开始庆祝秋天的丰收,特别是在古代立冬也是收获与祭祀的节气。民间举办"丰收节""寒衣节"等节日进行庆祝。民间有句俗语"三九补一冬,来年无病痛",因此有了"立冬进补"的食令习俗。立冬之后便迎来了小雪、大雪、冬至、小寒和大寒。气温从小雪开始逐渐降低,直到最冷的节气大寒。

## 二、十二生肖

十二生肖是中国传统的民间习俗。据说在黄帝时代,老百姓都不识字,无法记住年份。于是黄帝就想了一个办法,用十二种动物来代表,每十二年轮回一次,这样就解决了老百姓记年份的问题。但是选哪十二种动物呢?黄帝决定,在新春第一天,最先出现的十二种动物——鼠、牛、虎、兔、龙、蛇、马、羊、猴、鸡、狗、猪就用来命名十二个年份。十二生肖与干支纪年是中国自古以来一直沿用的纪年方法。2017 年,国家颁布了中华人民共和国国家标准《农历的编算和颁行》(GB/T33661—2017),确定了流传千年的干支纪年法的法定标准。十二种动物分别配以十二地支,成为十二生肖年。

## 三、婚礼习俗

中国人举办婚礼讲究的是吉利和喜庆。举办婚礼都要选择一个吉利的好日子,即所谓的"黄道吉日"。通常人们喜欢依据农历来挑选六或八这样双数的日子,寓意出双入对,长长久久。到了现代,由于生活节奏加快,一些人选择在假期举办婚礼,如五一劳动节、十一国庆节、元旦、春节等,这样亲朋好友才有时间参加婚礼。婚礼的地点大多选择在酒店,新人在亲朋好友的见证下举行婚礼仪式。

红色从古至今都是喜庆的颜色。虽然现代有很多新人选择西式的婚礼仪式,穿白色的婚纱和西装,但是依然有很多新郎新娘会在婚礼中选择穿红色的中式礼服。传统的中式婚礼习俗会在新娘的头上蒙上红盖头,让新娘坐在花轿里抬到新郎家里,然后参加最重要的仪式——拜堂成亲。现在结婚多选择婚礼车队,到酒店在亲朋好友的祝福中举行仪式。婚礼当中还会有一些有趣的环节,比如喝交杯酒、闹洞房,在床上撒上花生、红枣预祝早生贵子等等。

 **想一想**

1. 请根据你的了解,介绍一个中国的传统节日。
2. 请简要介绍中国的二十四节气。
3. 你喜欢的中国菜有哪些?
4. 在你的国家有哪些婚礼习俗? 和中国的婚礼习俗有哪些异同?

# 第十章　中国的医疗卫生和体育事业

　　中国的医疗卫生事业在新中国成立后取得了显著成就,特别是在公共卫生体系建设、疾病预防控制、医疗服务质量提升等方面。数十年内,中国成功控制了许多传染性疾病,同时医疗保障体系不断完善,基本医疗保险覆盖率持续提高,为民众提供了更广泛的医疗保障。

　　中医药作为中国独特的医学体系,历史悠久,近年来得到了进一步的发展和推广。中医药在疾病预防、治疗和康复中发挥着重要作用,其独特的理论和治疗方法在迅速走向国际化。

　　在体育事业方面,中国高度重视体育事业的发展,推动全民健身运动,增强国民体质,并积极参与和举办国际体育赛事,取得了一系列显著成就。2008年北京奥运会和2022年北京冬奥会的成功举办,更是将中国体育事业推向了一个新的高度。体育产业得到快速发展,体育文化日益丰富。

## 第一节　中国的医疗卫生事业

　　在追求生命健康的道路上,中国根据现实环境的变化,不断优化医疗卫生体系。经过长期的探索与发展,已建立起覆盖城乡居民的中国特色基本医疗卫生体系,中国居民的健康水平显著提高,主要健康指标已居于中高收入国家前列。

　　新中国成立初期,中国的医疗卫生资源极其匮乏,仅有3 000多个医疗机构,医疗设备落后,技术水平低,缺医少药现象严重。中国在艰难贫困的环境下明确医疗事业发展总体框架,初步建立起基本医疗保障制度和卫生服务体系,使广大农村地区得到了一定的医疗资源,为人民的基本医疗卫生需求提供了保障。

　　其中,历史上死亡率最高的传染病之一——天花,在新中国成立初期就被消灭。

天花自公元 5 世纪传入中国后,在中国不断发生流行,时刻威胁着人们的生命。1950 年 10 月,为了在中国彻底消灭天花,全国开始实行种痘,以预防天花,并由国家承担种痘的所有费用。实行种痘两年后,中国各地接种疫苗达 5 亿多人次,有效地控制了天花的泛滥和蔓延。1961 年 6 月,中国最后一名天花病人痊愈出院,标志着中国仅用 11 年时间就消灭了天花这个困扰人类数千年的瘟疫,比世界卫生组织宣布全球消灭天花的时间(1979 年 12 月 9 日)早了十多年。

改革开放后,为了增强医疗卫生机构活力、增加医疗卫生资源供给、改革医疗保障制度、增加医疗卫生投入,中国开始推动一系列医疗政策改革。在各项医改政策的推动下,居民看病就医的负担逐渐减轻,民众能更好地享有基本医疗卫生服务。艾滋病、结核病、乙肝等重大疾病得到了控制,居民健康水平有了显著提高。这一时期,在中国长江流域以及华东华南地区流行近千年的血吸虫病基本被消灭。血吸虫病是一种寄生虫病,传染性极强,会导致病患发热、腹痛,严重者会出现器官损伤,很多人因此致残甚至丧命。血吸虫病流行范围广,清除不彻底极易复发,导致长期以来防治难度极大。20 世纪 50 年代,中国提出消灭血吸虫病的目标。通过切断传染源、研发特效药等多方面的努力,至 2004 年,全国 12 个血吸虫病流行省份全面实现了血吸虫病传播控制目标。可以说,通过数十年的奋斗,中国基本上消灭了血吸虫病。

党的十八大以来,国家全面推进健康中国建设,健全医疗卫生服务体系,提高医疗服务质量、完善全民医保制度,形成了全覆盖、多层次的医保体系,使城乡和地区间卫生发展差距逐步缩小,"看病难""看病贵"的问题得到缓解。

目前,中国的医疗卫生事业高速发展,构建起了以医院、基层医疗卫生机构和专业公共卫生机构为主的医疗卫生服务体系,人均寿命从新中国成立初期的 35 岁提高至 76.6 岁。截至 2022 年,中国孕产妇死亡率下降至 15.7/10 万,中国婴儿死亡率下降至 4.9‰,医疗机构数量超 100 万家。从"活下去"到"活得好",中国人民的生命健康在医疗卫生事业发展进程中得到了强有力的保障。

# 第二节　走向世界的中医药

中医药是中国各民族医药的统称,是中国人民通过长期的医疗实践,不断积累、反复总结而形成的传统医学科学,是以整体观念为指导思想,以脏腑经络的生理和病

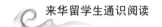

理为核心,以辨证论治为诊疗特点的独特医学理论体系。它反映了中华民族对生命、健康和疾病的认识,是中华民族智慧的结晶。

## 一、中医药的形成与发展

2 000 多年前,《黄帝内经》问世,它是中国最早的医学典籍。书中不仅对人体生理、病理、诊断、治疗等方面进行了阐述,记载了阴阳学说、经络学说等中医学的核心理论和以此为基础的针灸、推拿等疗法,还以人的生命为中心,对人与自然的关系、形体与精神的关系等进行了阐述,为中国传统医学打下了基础。

到春秋战国时期,名医扁鹊周游各地,行医救人,总结出一套全面的诊断技术,通过望诊、闻诊、问诊和切诊四个主要诊断法——运用肉眼观察、调动听觉和嗅觉、询问病人的症状、对病人的一些身体部位进行触诊——来判断病证及病程演变。这一套方法被后世称为"四诊法",奠定了中医诊断法的基础。

至汉代,为了更好地通过外科手术的方法实施治疗,汉代医学家华佗收集有麻醉作用的药物,成功研制成世界上最早的麻醉剂,当时被称为"麻沸散",比美国的牙科医生摩尔顿 1846 年发明乙醚麻醉早 1 600 多年。华佗也因此成为首个使用全身麻醉法施行外科手术的医者,被称为"外科鼻祖",后人还会用"华佗再世"来称赞医术高超之人。除了治疗已经发生的疾病,华佗还继承和发展了前人"治未病"的预防理论,编排了一套模仿猿、鹿、熊、虎、鸟等五种禽兽姿态的健身操——"五禽戏",用以增强体魄,提高免疫力。

东汉时期还有著名医学家张仲景,发展并确立了中医辨证论治的基本法则:辨认、判断病症的过程,根据辨证的结果,确定相应的治疗方法。在他的著作《伤寒杂病论》中,张仲景系统地研究了伤寒(中医学上将一切外感病总称为伤寒)发生的原因、症状、发展阶段和治疗方法,为诊疗一切外感热病(即现代医学中所指的急性传染病)提出了纲领性的法则。该书是中国医学史上影响最大的古典医学著作之一。

中医学经过长时间的实践和论证,发展出了独特的医疗理论体系和观念,而中医辨证治疗的成功实践离不开中药学的发展。

从原始农业的发展开始,人们逐步了解各种植物的性能,并在实际食用过程中认识到它们的药用性能。后来,人们通过尝试对各类植物施加不同的制作方法而得到不同的治疗效果,并将其系统地保存和流传下来,成为中国传统医药学的重要内容。

中药在古代也称"本草"。明代的著名医药学家李时珍用了 27 年时间游遍中国大地进行实地调查,收集药物和处方,通过大量观察和实践,并参考历代医药等方面的书籍,成功编写了中国药学著作《本草纲目》。书中收录了1 892种药物,详细描述了各类药物的历史、形态、功能、方剂等,并配有药物形态图1 100多幅。书中首创了按药物自然属性逐级分类的纲目体系,这种分类方法是现代生物分类学的重要方法之一,对世界医药学、植物学、动物学的发展也产生了深远影响,被译成日、法、德、英、拉丁、俄等十余种文字在国外出版。

中医药学以中国传统医药理论为依据,将药物本身具有的各种特性和作用进行分类,并称之为中药的偏性;又将药物与疗效有关的性质和性能称为药性。中医药学家经过长期实践,研究药物自身特性及其变成具有治疗作用的药物的过程,形成了一套包括四气五味、升降浮沉、归经、有毒无毒、配伍、禁忌等内容的药性理论,与对中药材的采集、炮制、制剂等制作过程的理论相结合,构成了庞大而精妙的中医理论体系。

**知识链接**

### 四气五味、归经和配伍

四气五味:中药从性质和滋味上分为"四气五味"。四气即药物的寒、热、温、凉。一般认为寒凉药有清热泻火、凉血解毒等作用,温热药具有温里散寒、温经通络等作用。五味指药物的辛、甘、酸、苦、咸。一般认为辛味能促进气血运行等,甘味能缓解毒性、止痛等,酸味能止咳、止血、开胃、消食等,苦味能清热、止呕等,咸味能消散肿块等。

归经:指药物对于某些脏腑经络有特殊的亲和作用,对这些部位的病变起着主要或特殊的治疗作用,如黄连苦寒,归心、脾、胃、胆、大肠经。

配伍:按照病情的不同和药物的不同特点,有选择地将两种以上的药物搭配在一起使用。

## 二、中医药走向世界

早在隋唐时期,中医就已经传入日本、朝鲜等亚洲国家。到了12世纪,西方来华传教士增多,他们将中医的针灸、中药等传播到了欧洲。目前,中国已经与70多个国家签订了包含中医药内容的政府协议或专门的中医药合作协议,中医药对外医疗、教育、科技合作不断扩大,已传播到世界上160多个国家和地区。《黄帝内经》《本草纲目》等中医药典籍2011年被列入《世界记忆名录》,"中医针灸"被列入人类非物质文化遗产代表作名录。

针灸是中医学的重要治疗手段之一，通过体表刺激对疾病的治疗起到调整作用，古代就已流传至亚洲多国，甚至推广至欧洲。21世纪以来，针灸在临床实践上不断取得新成绩，其科学性和有效性得到充分证明，在世界各国广受欢迎。2017年，国家主席习近平出访日内瓦期间，向世界卫生组织赠送了一份承载着中医文化智慧的礼物：针灸铜人。随着中医药走向世界，也有更多来自世界各地的人们走进中国，探寻颇具魅力的东方智慧。目前，有近200个国家和地区运用针灸，超过50个国家和地区立法承认针灸。根据世界卫生组织调查，针灸已成为全球最受欢迎和应用最广泛的传统医学疗法之一。

澳大利亚在1989年通过的《药物管理法》中，最早将中药纳为辅助药品，成为全球第一个承认中药为药品的国家。除此之外，澳大利亚的皇家墨尔本理工大学生物医学和健康学学院与南京中医药大学合作成立中医系，成为西方国家第一所政府承认学历的中医教学单位，推进了海外中医学人才的培养。

1991年正式开诊的北京中医药大学德国魁茨汀医院，即中国—德国中医药中心，是德国第一所中医医院。魁茨汀医院因地制宜，根据当地的现有药物、制剂等条件，不断调整处方，帮助患者解除病痛，还定期为德国医生讲授中医内科、方剂及针灸等课程，相互交流。作为德国的第一所中医院，它以独特的治疗方法和临床疗效而享誉德国乃至欧洲。魁茨汀医院的成功发展成为中医药走向世界的典范。

学术上，由世界卫生组织制定颁布的国际统一的疾病分类标准——国际疾病分类(ICD)在第72届世界卫生大会上审议通过了《国际疾病分类第十一次修订本(ICD-11)》，首次纳入起源于中医的传统医学章节。这意味着脏腑系统疾病、外感病、八纲证、脏腑证等中医病证名称成为国际疾病"通用语言"，标志着世界卫生组织对来源于中医药传统医学价值的认可。

2015年，中国科学家屠呦呦(Tú Yōuyōu)获得诺贝尔生理学或医学奖，因为她用创新性的研究为世界带来了迄今为止最重要的抗疟疾药——"青蒿素(qīnghāosù)"，成为首个获得此奖项的中国科学家。疟疾是最严重的传染疾病之一，在青蒿素被发现前，全世界每年约有4亿人次感染疟疾。屠呦呦和她的团队通过大量实验研究，在1972年从在中国已有2 000多年沿用历史的中药青蒿中发掘并提取到抗疟的有效成分，后来命名为"青蒿素"。现在，青蒿素在全世界每年治疗患者上亿人。正如屠呦呦在她的获奖演讲——《青蒿素的发现：传统中医献给世界的礼物》中所说的，中国医药学是一个伟大宝库,通过继承发扬,发掘提高,一定会有所发现,有所创新,从而造福人类。

# 第三节　中国的体育事业

## 一、中国传统体育项目

体育是以身体和智力活动为手段,对身体进行养护、训练,增强体质、提高生活质量的活动。中国传统体育以强身、养生、防病、治病为宗旨,强调通过人体自身运动来增进健康,并促进精神道德的发展。在几千年的发展过程中,中国传统体育吸收了道家、佛家、武术家、中医和儒家的理论和锻炼方法,发展出内容极其丰富,且独具特色的体育活动形式。

### 武术

武,止戈为武;术,思通造化、随通而行为术。武术,又称功夫,可以说是停止(止)战斗(戈)的技术,既能防身又可健身,能够提升人的精神和身体素质。武术的主要内容包括徒手拳术和器械攻防,有各自的流派和套路,并逐渐发展成为一种集实战、表演和健身于一体的体育活动。时至今日,武术已经和中医药、中餐等一同被认为是最具代表性的中国元素,也是中华文明的一项宝贵的文化遗产,在世界体育中独树一帜。

### 太极拳

太极拳,以中国传统儒家、道家阴阳理论为核心思想,集修养性情、强身健体、技击对抗等多种功能于一体,是中国拳术的代表之一。太极拳的特点是后发制人,以柔弱胜刚强,同时含有养生与技击功效,动作柔中有刚,拳姿优美,所以男女老少都能学习操练,得到了中国乃至世界各国人民的认可与喜爱,并于2020年12月被联合国教科文组织列入人类非物质文化遗产代表作名录。

### 咏春拳

咏春拳是中国拳术的另一个代表。与太极拳讲究以柔克刚不同,咏春拳更讲究以"寸劲",即在短时间内以快速的爆发力尽快制服对手。咏春拳的掌法丰富多变,不仅能够强身健体,还能培养快速的反应力、严谨的思维和良好的心理素质。随着时代不断发展,通过格斗这种形式来展现人的身体美、精神美的武术逐渐通过影视作品被展现在更多人的眼前,并由此诞生了一批具有国际影响力的功夫明星和功夫影片。

### 划龙舟

划龙舟又称赛龙舟、划龙船、龙舟竞渡等,既是中国历史上一种群众性娱乐活动,又是一种有利于增强人民体质、培养勇往直前精神的体育运动。划龙舟是一种多人集体划桨竞赛,比赛时,人们坐在画着龙的形状或做成龙的形状的船上,按锣声节奏划桨前进,先到达终点者为胜。到今天,划龙舟已经成为端午节的重要习俗,人们用划龙舟的形式纪念著名诗人屈原的同时,祈求祛病防灾。

### 舞狮

舞狮是一项极具中国特色的体育运动,也是一种民间艺术,已经有1 000多年的历史。在重要的传统节日或庆典上,表演者装扮成狮子或者其他瑞兽的样子,一人舞头,一人舞尾,在锣鼓音乐伴奏下做出各种形态动作,包括各种武术招式。因此,舞狮者既要有强健的体魄和武术功底,还要有一前一后两个人的密切配合。表演活动寄托着民众希望消灾除害、祈求平安吉祥的美好意愿,至今依然盛行。舞狮可分为南北两派。北狮的造型酷似真狮,全身披金黄色毛,主要使用灵活的动作进行表演;南狮又称醒狮,造型威猛,以广东等地的醒狮最具代表性,在表演上从传统的地狮逐步发展到凳狮,由凳狮又发展到高台狮、高竿狮、桩狮,难度不断增大,体现了"新、高、难、险"的特色。

## 二、中国当代体育发展

中华人民共和国成立后,中国体育事业与经济社会发展相伴,从小到大,由弱到强,竞技体育、群众体育以及体育产业飞速发展。

为满足人民群众强体健身的需求,中国构建了高水平的全民健身公共服务体系,着力营造人人参与体育锻炼的社会氛围。目前,中国经常参加体育锻炼的人数超过4亿,健身设施遍布城乡,全民健身组织广泛建立。

与此同时,中国竞技体育快速发展。在以奥运会为代表的世界性体育赛事上,中国取得了令人瞩目的成绩。而2008年北京奥运会、2022年北京冬奥会的成功举办也为世界奥运会历史添上了浓墨重彩的一笔。

### 北京奥运会

在举办了1990年第11届亚运会、2001年第21届世界大学生运动会等国际大型赛事之后,2008年,北京成功举办了第29届夏季奥林匹克运动会。北京奥运会以"同一个世界,同一个梦想"为口号,体现了团结、友谊、进步的精神理念,实现了奥运会第一次在发展中国家举办的突破。2008 年北京奥运会共有参赛国家及地区 204 个,设 28 个大项、302 个小项,超过 1 万名运动员参加比赛,其间创造了 43 项新的世界纪录及 132 项新的奥运纪录,涌现出一批拥有高超技术、拼搏精神的优秀运动员,如乒乓球运动员张怡宁、马琳,跳水运动员郭晶晶,体操运动员李小鹏、杨威,羽毛球运动员林丹等。

北京奥运会的成功举办不仅提升了中国的国际声望、增强了社会凝聚力,对于促进奥林匹克运动在世界上人口最多的大洲和国家的普及,对于宣传奥林匹克精神、丰富奥林匹克运动内涵、促进奥林匹克运动的健康持续发展,也有不可替代的深远影响和积极作用。

**北京冬奥会**

继 2008 年夏季奥运会之后,北京在 2022 年成功举办冬季奥运会,成为全球首个成功举办了夏季、冬季奥运会的"双奥之城"。

北京冬奥会共设 7 个大项,15 个分项,109 个小项,成为历届冬奥会中比赛项目最多的冬奥会。多座北京奥运会场馆切换至"冬奥模式",最大限度地利用奥运遗产,减少对环境的影响。国家游泳中心"水立方"完成水冰转换,变身"冰立方",成为冬奥会史上最大的冰壶场馆,也是全球唯一可以同时运行水上与冰上项目的竞赛场馆;国家体育场"鸟巢"成为唯一举办"双奥"开幕式和闭幕式的场馆,充分彰显了北京冬奥会可持续发展的理念。同时,以强大的科技为支撑,实时进行 5G 超高清电视转播赛事,在冬奥村设立机器人的"智慧餐厅",近 3 000 名运动员在绿色环保、科技新颖的运动场地上发挥出他们的运动技巧,打破了多项世界纪录。

从"梦幻五环"到"冰雪五环",作为全球人口最多的国家,中国以冬奥会为契机,开展"带动三亿人参与冰雪运动"的实践,极大地推动冰雪运动的跨越式发展,为中国的体育健康事业、国际奥林匹克运动作出了新贡献。

---

**知识链接**

### 北京奥运会吉祥物

福娃是 2008 年北京第 29 届奥运会的吉祥物,由"贝贝""晶晶""欢欢""迎迎"和"妮妮"五个福娃共同组成。把五个福娃的名字连在一起读就是"北京欢迎你"。福娃的形象设计应用了中国传统艺术的表现方式,向世界各地的人们传递友谊、和平、积极进取的精神和人与自然和谐相处的美好愿望。

知识链接

## 北京冬奥会吉祥物

北京冬奥会吉祥物名为"冰墩墩",形象来源于国宝大熊猫,将熊猫友好可爱、憨态可掬的形象与富有超能量的冰晶外壳相结合,体现了冬季冰雪运动和现代科技特点,形象酷似航天员,寓意创造非凡、探索未来,深受各国人民尤其是青少年的喜爱。

北京冬季残奥会的吉祥物是"雪容融",以红灯笼为原型,头顶有如意环与外围的剪纸图案,面部带有不规则形状的雪块,寓意点亮梦想、温暖世界,代表着友爱、勇气和坚强,体现了冬残奥运动员的拼搏精神和激励世界的冬残奥会理念。

? 想一想

1. 简要介绍华佗在医学方面的成就。

2. 屠呦呦为什么获得诺贝尔生理学或医学奖?

3. 太极拳的特点是什么?

4. 北京为什么被称为"双奥之城"?

# 附录 壮美广西

广西壮族自治区位于中国南部,是中国五个少数民族自治区之一。全区气候温暖湿润,四季分明,拥有丰富的水资源和生物多样性,是中国重要的农业和旅游地区。同时,广西拥有丰富多彩的民族文化,壮族、侗族、苗族、瑶族等多个少数民族和谐共处,共同创造了广西独特的文化景观。

桂林市是广西的著名旅游城市,以"山水甲天下"的美誉而闻名世界。桂林不仅以喀斯特地貌造就了独特的自然景观,还有丰富的历史人文景观,如靖江王城、灵渠等,展现了桂林深厚的历史文化底蕴。桂林的山水之美和文化之韵,使其成为中国乃至世界的重要旅游目的地。

## 第一节 广西概况

广西壮族自治区简称"桂",是中华人民共和国省级行政区,位于中国华南西部,北回归线从该区中部穿过。广西东界广东,南临北部湾并与海南隔海相望,西与云南毗邻,东北接湖南,西北靠贵州,西南与越南接壤。行政区域土地面积 23.76 万平方千米,管辖北部湾海域面积约 4 万平方千米。辖南宁市、柳州市、桂林市、梧州市、北海市、防城港市、钦州市、贵港市、玉林市、百色市、贺州市、河池市、来宾市、崇左市 14 个设区市,首府为南宁市。

### 一、和睦的民族聚居区

广西自古就是一个多民族杂居共处的地方,也是全国少数民族人口最多的省级行政区。在长期的历史发展进程中,各族人民共同劳动,共同生活,互动交流,共同创造了广西光辉灿烂的历史和文化。

广西有壮、汉、瑶、苗、侗、仫佬、毛南、回、京、彝、水、仡佬等 12 个世居民族和 44 个其他民族。2021 年末,广西常住人口为 5 037 万人,其中少数民族人口 1 891.4 万,占全自治区总人口的 37.55%。

壮族是广西也是中国人口最多的少数民族,2021 年末,壮族户籍人口有 1 572.2 万,约占全自治区总人口的 31.36%,主要聚居在南宁、柳州、崇左、百色、河池、来宾 6 市。靖西市是壮族人口比重最高的县级行政区,达到 99.7%。

从民族的地域分布来看,广西汉族与少数民族之间、各少数民族之间相互杂居的现象十分普遍,这种大杂居、小聚居的共处格局为广西各民族交往、交流、交融提供了基础和场域,对广西民族关系友好发展具有重要的促进作用。

根据 2020 年第七次人口普查结果,在广西由一个或两个以上少数民族组成的家庭有 542.92 万户,"十口之家,情融五族"比比皆是。这些幸福的小家也是广西民族团结进步的缩影。

在广西,最具地方民族特色的节日是三月三(壮族三月三),又称歌圩节、歌婆节或歌仙节,是壮族祭祀祖先、倚歌择配的传统节日,主要活动有祭祀祖先、对歌择偶、聚餐、唱戏、抢花炮、抛绣球、斗蛋等。2014 年,壮族三月三经广西壮族自治区人民政府批准成为广西的法定假日(自治区内全体公民放假 2 天),广西也被人们称为全国放假最多的省份。

让各民族在中华民族大家庭中像石榴籽一样紧紧地抱在一起,广西正围绕共同团结奋斗、共同繁荣发展的主题不懈努力着。

## 二、南方生态屏障带

广西生态环境良好,是中国南方重要的生态屏障,承担着维护生态安全的重大职责。近年来,广西厚植生态环境优势,持续推进生态系统治理和修复,有效保护生物多样性,不断筑牢我国南方重要的生态屏障。截至 2022 年底,广西的生态环境质量保持全国前列,生态质量指数居中国第二,森林覆盖率、生物多样性、丰富度居中国第三。城市环境空气质量保持优良,国家地表水考核断面水质优良比例 98.2%,7 个市进入全国城市地表水环境质量前 10 名,近岸海域水质优良比例 94.5%,居全国第二。

广西既有亚热带季风气候,又有热带季风气候的优势,年降水量高达 1 694.8 毫米,满足了大部分果树的生长和用水需求。柑橘、杧果、柿子、火龙果、百香果等品种的产业规模居全国首位或前列。广西水果年产量超 3 000 万吨,连续多年位居中国第一,被誉为"中国果篮"。此外,广西是全国最大的糖料蔗生产基地,食糖年产量超600万吨,常年位居全国榜首。

良好的生态环境造就了广西丰富的旅游资源。北部,桂林山水以景色优美而著称,有"桂林山水甲天下"之说,漓江、两江四湖、龙脊梯田、资源八角寨的丹霞地貌,风光秀丽;南部,在长达1 000多千米的海岸线上,拥有北海银滩、涠洲岛、三娘湾等旅游景区,其中,涠洲岛是中国7 000多个岛屿中最大、最年轻的火山岛,2004年被评为火山国家地质公园。另外,柳州百里柳江沿江风景带、贺州姑婆山国家森林公园、中越边境的德天瀑布旅游区都蜚声中外。

### 三、东盟交流桥头堡

广西是中国唯一临海的少数民族自治区,通江达海,海陆相连,是中国对外开放、走向东盟、走向世界的重要门户和前沿,是大西南最便捷的出海口。

多年来,广西面向东盟加快开放发展,抢抓区域全面经济伙伴关系协定(RCEP)机遇,促进中国—东盟经贸合作,推动区域一体化进程不断加快。之前,说起泰国榴梿、越南咖啡、马来西亚燕窝等东盟国家特色产品,人们并不太熟悉。如今,越来越多的东盟产品走进中国,越来越多的中国技术和中国制造进入东盟。

广西南宁是中国—东盟博览会的永久举办地。自2004年首届东博会举办以来,广西始终立足于中国—东盟合作,不断推动"一带"与"一路"的有效衔接,积极服务RCEP的生效实施,助力构建更为紧密的中国—东盟命运共同体。

数据显示,30年来,中国—东盟贸易规模从1991年的不足80亿美元增长到2020年的6 846亿美元,扩大80余倍。自2009年起,中国连续12年保持东盟第一大贸易伙伴;2020年,东盟首次成为中国最大的贸易伙伴。广西合浦曾是中国最早、最重要的海上丝绸之路始发港,如今,广西正扩大面向东盟开放推进区域一体化,为写好海上丝绸之路新篇章而努力着。

**知识链接**

#### 东　盟

东盟是"东南亚国家联盟"的简称,英文名称为 Association of Southeast Asian Nations,简称 ASEAN。1967年8月7日至8日,印尼、泰国、新加坡、菲律宾四国外长和马来西亚副总理在曼谷举行会议,发表了《曼谷宣言》,正式宣告东南亚国家联盟成立。至 2017 年底,东盟共有 10 个成员国——文莱、柬埔寨、印度尼西亚、老挝、马来西亚、缅甸、菲律宾、新加坡、泰国、越南;观察员国有巴布亚新几内亚和东帝汶。

# 第二节　名　城　桂　林

桂林市位于广西壮族自治区东北部,包括 6 个区和 11 个县(市),总面积 2.78 万平方千米,约占广西壮族自治区总面积的 11.74%。桂林是中国历史文化名城和世界著名的风景游览城市,是广西东北部地区及桂湘交界地区的政治、经济、文化和科技中心。

## 一、历史文化名城

桂林是一座建城 2 100 多年的古老城市,是全国首批 24 座历史文化名城之一。从远古至今,历代都在这里留下了灿烂的文化遗产。其中以甑皮岩为代表的史前文化,以宋代、明代古城池格局为代表的古代城市建设文化,以灵渠、古桂柳运河为代表的古代水利科技文化,以名山胜迹、历代摩崖石刻为代表的山水文化,以靖江王城、王陵墓群为代表的明代藩王文化,以近现代革命遗迹、历史纪念地为代表的近现代文化是桂林历史文化的精髓。

桂林作为历史文化名城,市区范围内被列为各级文物保护单位的有 117 处,其中国家级 5 处,自治区级 23 处,市(县)级 89 处。甑皮岩洞穴遗址、兴安灵渠、明靖江王府和靖江王墓群、恭城文庙、桂海碑林、全州湘山寺等文物古迹,都有很高的历史、文学、艺术价值和欣赏价值。

史前文化的代表是甑皮岩遗址,位于桂林市南郊,距今约 1.2 万年至 7 000 年,是华南地区新石器时代早期代表性遗址。遗址先后发现了距今万年以上的陶器,充分证明桂林是中国陶器起源地之一,是现代华南人和东南亚人古老祖先的居住地之一。

古代城市建筑文化的代表主要有古南门、花桥、广西贡院、雁山别墅等。

古南门为唐代故城的南门,相传为桂州总管李靖所建。城门以砖石结筑,全高 5.3 米,东西长 39.4 米,南北厚 19.4 米。其北端宋门以石券拱,拱高 3.5 米,宽 2.9 米;

南端明门券拱上尚留存有明崇祯年间石刻 1 件。

花桥创建于宋代,距今已有 700 年以上的历史。花桥原名嘉熙桥,又名天柱桥,石砌五孔,构筑精巧玲珑。明代重建后,因附近花木繁茂,改名花桥。花桥横跨在小东江与灵剑溪汇流处。古代花桥一带属城郊,每值春夏,山花盛开,桥就映衬在花团锦簇之中,每逢春秋佳日,人们喜欢同亲友到桥上漫步。宋代方信孺有"雨脚初收鱼尾霞,满溪流水半溪花"的诗句,明代解缙也有"早饭行春桂水东,野花榕叶露重重"的描写。

明朝的靖江藩王府被清军占领后,广西贡院于顺治十四年(1657 年)改建为乡试贡院,成为广西"抡才大典"的唯一场所。贡院后经历次重修,至道光九年(1829 年),号舍达 5 011 间,可供 5 000 余名广西学子同时参加乡试。广西贡院为清代中国五大贡院之一,也是西南最大的科举考场。

雁山别墅又名雁山园、西林公园等,曾为两广总督岑春煊的私人花园,中国近代许多著名人物均在此流连或居住。"桂林佳境,一园看尽",雁山园浓缩了桂林山水的最佳景观。在这个 300 亩的大院子里,桂林山之秀、水之丽、洞之奇、树之异全部可以看到,以真山、真水、古木、人文而被称为岭南第一名园。

古代水利科技文化的代表有灵渠、古桂柳运河等。

灵渠古称秦湘桂运河,是古代中国劳动人民创造的一项伟大工程。位于桂林市兴安县境内,于公元前 214 年凿成通航,是世界上最古老的运河之一,有着"世界古代水利建筑明珠"的美誉。灵渠连接了长江和珠江两大水系,构成了遍布华东华南的水运网。自秦以来,对巩固国家的统一,加强南北政治、经济、文化的交流,密切各族人民的往来,都起到了积极作用。

古桂柳运河亦称相思埭(dài),开凿于唐代长寿元年(692 年),全长 15 千米,距今已有 1 300 多年历史,与桂林的灵渠、防城港的潭蓬古运河同为广西古代三大运河。古桂柳运河沟通了漓江和柳江水系,是历史上中原通过西南重镇桂林联系少数民族地区的纽带和军需通道,对促进西南边疆开发、繁荣社会经济和文化、维护国家稳定发挥过积极而重要的作用。明代旅行家徐霞客曾留下"桂柳陡河水长流,如此风景消旅愁"的诗句。运河区附近大小湖泊星罗棋布,有中国最大的岩溶湿地会仙湿地。

明代藩王文化的代表有靖江王城、靖江王陵等。

靖江王城坐落于桂林市漓江西岸,始建于洪武五年(1372 年),洪武二十五年

(1392年)建成。靖江王城外围有国内保存最完好的明代城墙。靖江王城规模宏大，门深城坚，布局严谨，气势森然，比北京故宫早建34年，它还是南京故宫的精华缩影。由于靖江王城地处桂林市城市中心地区，因而有"阅尽王城知桂林"之说。

靖江王陵是明朝分封在桂林的历代靖江王及其宗藩的陵园，位于桂林市区七星区东郊尧山西南麓。从洪武三年（1370年）朱元璋封其侄孙朱守谦为靖江王起，靖江王世代相袭，从册封到覆灭共存世280年，先后承袭王位的有14人，其中有11位靖江王死后葬于桂林尧山，被称为"桂林十一陵"。以这十一陵为中心，周围分布着300多座靖江王室宗亲墓，构成了分布面积达100余平方千米的庞大陵墓群，是现存最大、保存最完好的明代藩王墓群，有"北有十三皇陵，南有靖江王陵"之称。

桂林山水是中国山水的典范，"山水"是中国特有的一个词语，在英语中通常被译成"landscape"（风景）。然而，对于中国文化而言，"山水"不是山与水简单相加的自然存在，而是能够进入中国人内心的一种情景交融、引发共鸣的意象，包含着中国人从哲学、美学、文学等视角对美好自然的理解。

在文学方面，甲天下的山水特别能激发人们的创作激情，因此，也留下了数以万计的有关桂林的文学作品。历朝历代曾经在桂林生活或工作过的著名文人，如张九龄、李商隐、范成大、张孝祥、张栻、方信孺、刘克庄、康有为等，都写下了许多有关桂林的优秀诗文。曾经游览过桂林山水的历史上的著名人物，如宋之问、柳宗元、黄庭坚、袁枚、阮元等，同样留下了许多传世的记游名篇。就连未曾到过桂林的唐代著名诗人韩愈，也写下"江作青罗带，山如碧玉簪"这样对桂林山水真实写照的名句。当然，最出名的还数南宋王正功《鹿鸣宴诗》中的"桂林山水甲天下，玉碧罗青意可参"。

描写桂林的很多诗文以石刻的方式被记录，除诗文外，还有大量的造像，形成了著名的石刻文化。桂林石刻起始于东晋，兴于唐，盛于宋，繁荣于明清时期，跨越上千年历史，集中反映了桂林乃至广西地区政治、军事、经济、文化的发展历程，具有重要的历史、科学和艺术价值。桂林现存唐代至清代石刻近2 000件，主要分布于桂林市区近城的普陀山、月牙山、龙隐岩龙隐洞（桂海碑林）、虞山、象鼻山、伏波山、文庙等30余处，是全国摩崖石刻最多的地方之一。其中已知的宋代石刻484件、造像26龛101尊，尤以南宋为多，也居全国宋代题刻之最。在众多的石刻当中，尤以桂海碑林最为出名，行内谓"北有西安碑林，南有桂海碑林"。

除文学和石刻文化外，桂林山水画也在中国山水画中占有独特的地位。中国历史上有许多画家画过桂林山水或以桂林山水画成名,如15世纪的石涛及20世纪的齐白石、黄宾虹、徐悲鸿、李可染等。广西本土画家也创作出大批优秀的漓江山水作品,逐渐形成了"漓江画派"这一有着鲜明地域特色和独特艺术风格的画家群体。

桂林除了以甲天下的山水闻名于世外,还是著名的"状元之乡",是广西历史上中状元、进士最多的城市。

史料表明,明清两代广西中进士711人,桂林占了242人;广西历史上共有状元10人,桂林占了8个。在桂林的8位状元当中,清代状元陈继昌因"三元及第"而名闻天下。整个清代200多年连中解元、会元、状元的只有两人,他是其中一人。中国自隋朝至清末实行科举制的1300余年中,"三元及第"的也仅有13人,陈继昌是科举制度最后一个"三连冠"。清代著名学者阮元任两广总督时,专门为陈继昌在桂林靖江王城南面正阳门设立了一块"三元及第"坊。而陈继昌考取状元后,多任外放官,他办事公正廉明,做了许多兴利除弊、促教兴文、兴修水利的事情,深得民心。

桂林状元冠绝广西缘于桂林深厚的文化土壤。桂林是中国岭南地区重要的交通枢纽,也是中原文化在岭南传播的前沿和中心。除了浓厚的文化氛围之外,在桂林任职的官员亦功不可没,许多任职桂林的官员都有相当高的文化素养,他们对科举考试人才也是大力培养。因此,千百年来,无数桂林人在这片山水间受到深深的文化浸润,人才辈出,也为桂林城增添了更厚重的文化底蕴。

桂林也是近代以来风云际会的地方,太平天国农民起义、戊戌变法、辛亥革命和五四运动、抗日战争等事件都在此留下了浓重的印记。

辛亥革命失败后,伟大的民主革命先行者孙中山先生曾在桂林设北伐大本营,积极推进北伐计划,他在桂林期间,和共产国际代表马林、共产党人张太雷会面,奠定了其后来"联俄、联共、扶助农工"三大政策的思想基础。

土地革命时期,中央红军长征途中,发生在桂北地区的湘江战役是红军长征历时最长、规模最大、战斗最惨烈的一战。湘江战役,既是一场苦难,也是一次淬火重生,它所迸发出的激荡人心的强大精神力量,仍跨越时空,深植时代,在中华民族生生不息的奋进史中历久弥新。

抗日战争期间,在中国共产党的领导下,1938年11月至1944年9月,在桂林开展了包括"西南剧展"在内的轰轰烈烈的抗日文化活动,使桂林成为一个重要的抗战文化城。桂林抗战文化的成就集中体现了中国共产党抗日民族统一战线政策在桂林实践的成功。

## 二、国际旅游胜地

桂林是世界著名的风景游览城市,是岩溶峰林景观发育最完善的典型,山清、水秀、洞奇、石美,城在景中,景在城中,城景交融,名扬海内外。

2012 年 11 月,《桂林国际旅游胜地建设发展规划纲要》获国家批复,桂林国际旅游胜地建设上升到国家战略。近年来,桂林对标国际旅游胜地"世界一流的旅游目的地""全国生态文明建设示范区""全国旅游创新发展先行区""区域性文化旅游中心和国际交流的重要平台"四大定位,持续推进国际旅游胜地建设,以文促旅、以旅兴文,文旅联动、融合提升,走出了一条彰显桂林特色的文旅融合发展新路子。桂林国际旅游胜地从扬帆起航,到加快建设,再到打造"升级版",桂林城市面貌发生了华丽嬗变。

桂林山水有山清、水秀、洞奇、石美四大特点。

(1)山清。桂林辖区内千峰环立,巍峨多姿、青翠娇媚。有的连绵起伏,奇峰一片;有的平地拔起,亭亭玉立。象鼻山似饮水象鼻,老人山如远眺老人,骆驼山像跋涉骆驼,伏波山、叠彩山、独秀峰、塔山等婀娜多姿,栩栩如生。南宋诗人范成大在《桂海虞衡志》中称赞:"桂山之奇,宜为天下第一。"

(2)水秀。桂林的水,清澈如练,水波含情,市区大小湖塘如繁星点缀。漓江等"两江四湖"(漓江、桃花江、木龙湖、桂湖、榕湖、杉湖)穿插其间,城在景中,景在城中,形成了桂林"山—水—城"和谐的城市形态。漓江是桂林山水的精华所在,自桂林至阳朔的 83 千米河段,"江作青罗带""枕底涛声枕上山",奇峰夹岸,碧水萦回,青山浮水,风光秀丽,犹如一幅百里画卷。

(3)洞奇。桂林无山不洞,无洞不奇。山中有洞,洞中有洞,洞洞相连,纵横交错,上下贯通。有的洞内流水潺潺,泛舟行船曲径通幽;有的大如广场,蔚为壮观。洞内钟乳石、石笋、石柱、石幔似瓜果,似金谷,似人寰,令人浮想联翩。芦笛岩、七星岩、莲花洞、冠岩等宛若仙境,堪称"洞穴瑰宝"。

洞穴是桂林旅游资源的一大特色。唐宋以来,开发较早的洞穴有七星岩、白龙洞、乳洞、芦笛岩、穿山岩等。后期有荔浦丰鱼岩、银子岩,以及草坪冠岩、永福金钟山洞(永福岩)、兴安世纪冰川灵佛洞、灌阳黑岩等。

(4)石美。奇特与象形山石是桂林山水的构景骨架,绝大多数为石灰岩地层所组成。桂林山石千姿百态,似人,似物,似飞禽,似走兽;山岩绚丽多彩,或亮如星,或白如玉,或朱纹若花,或晶莹欲滴,奇巧瑰丽,美不胜收。桂林城区的独秀峰、虞山、叠彩山、南溪山、隐山、西山等自唐朝以来就是名山胜景。漓江两岸的象鼻山、九马画山、螺蛳山、净瓶山等,都具有很好的旅游观赏价值。山水与人文交织,也形成了著名的石刻文化。

**知识链接**

### 桂林主要景点简介

**象鼻山** 位于桂林市内桃花江与漓江汇流处,因酷似一只站在江边伸鼻豪饮漓江甘泉的巨象而得名,被人们称为桂林山水的象征。象鼻山以神奇著称。其神奇,首先是形神均似,其次是在鼻腿之间造就一轮临水明月,构成"象山水月"奇景。象鼻山是桂林的城徽山,是桂林旅游的标志山。

**漓江** 发源于桂林市兴安县,漓江段全长 164 千米。沿江河床多为水质卵石,泥沙量小,水质清澈,两岸多为岩溶地貌。漓江是桂林山水之魂,以桂林至阳朔的 83 千米漓江河段最为典型,有山清、水秀、洞奇、石美"四胜"之誉,还有"深潭、险滩、流泉、飞瀑"的佳景,是岩溶地形发育典型、丰富和集中地带,集中了桂林山水的精华,令人有"舟行碧波上,人在画中游"之感。漓江每年接待游客近千万人次,被称为"世界旅游之江"。

**独秀峰** 位于桂林市中心的靖江王城内,平地拔起,众山环绕,孤峰独秀,陡峭高峻,气势雄伟,有天然的王者气势,素有"南天一柱"之称。山东麓有南北朝文学家颜延之读书岩,他曾写下"未若独秀者,嵯峨郭邑开"的佳句,独秀峰因此得名。在独秀峰读书岩,还有 800 多年前南宋诗人王正功留下的"桂林山水甲天下"的摩崖石刻真迹。

**桂海碑林** 是广西壮族自治区重点文物保护单位,位于桂林市小东江畔七星公园月牙山瑶光峰南麓,由龙隐洞、龙隐岩两处石刻组成。此处"壁无完石",碑刻如林。桂林石刻为第五批全国重点文物保护单位。

**芦笛岩** 位于桂林市西北的桃花江畔,洞深 240 米,游程近 500 米,岩洞中琳琅满目的钟乳石、石笋、石柱、石幔、石花拟人状物,惟妙惟肖,构成了"圆顶蚊帐""高峡飞瀑""盘龙宝塔""原始森林"等 30 多处美妙的景观,景景相依,景景相连,可谓移步成景,步移景换,整个岩洞犹如一座用宝石、珊瑚、翡翠雕砌而成的宏伟、壮丽的地下宫殿,被誉为"大自然艺术之宫"。

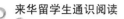

**阳朔西街** 位于阳朔县城中心,全长500多米,宽8米,大理石路面,呈弯曲的S形,房屋建筑古色古香,地方特色浓厚。荟萃各种旅游纪念品、小吃于街市。

**龙脊梯田** 位于龙胜县境内,是桂林地区一个规模极为宏大的梯田群,全部的梯田分布在海拔300~1 100米之间,最大坡度达50度,一层层从山脚盘绕到山顶,层层叠叠,高低错落,线条行云流水,规模磅礴壮观。2018年,包括广西龙胜龙脊梯田在内的中国南方稻作梯田,获得了全球重要农业文化遗产的正式授牌。

### 节庆与民俗

桂林是壮、苗、瑶、侗、回等少数民族聚居之地,各民族的节日庆典活动和风俗民情古朴浓郁,以桂剧为主的地方戏剧和以"刘三姐"为核心的民歌与民间传说丰富多彩。在此基础上形成的"印象·刘三姐""桂林千古情"等大型实景舞台表演项目,成为桂林旅游活动中很受欢迎的节目。

桂林有国际山水文化旅游节、中国—东盟博览会旅游展、国际动漫节、桂林马拉松等;各县区都有自己的传统节日,如秀峰"三月三"民族歌圩节,阳朔漓江渔火节,龙胜红衣节,兴安米粉节,资源河灯节,恭城桃花节、月柿节,灌阳梨花节、桃花节,荔浦旅游文化节,灵川海洋银杏节,永福福寿节,平乐妈祖文化旅游节,全州湘山寺庙会等。

### 知识链接

#### 刘 三 姐

刘三姐是广西壮族的民间传说人物,自唐代开始广泛流传。刘三姐以能歌善唱的才智和淳朴善良的品质而被誉为"歌仙"。1961年在桂林拍摄的电影《刘三姐》是中国大陆第一部风光音乐故事片,这部电影巧妙地以山歌形式展现,充满了机智、诙谐、娱乐的元素,使刘三姐的形象越来越被广大群众熟知,这在一定程度上也反映了壮族几乎人人能歌善唱、已近"以歌代言"的特点。

### 特色名产名吃

桂林米粉是桂林最具代表性的地方传统特色美食,属桂菜系。其做工考究,先将上好的大米磨成浆,装袋滤干,做成粉团煮熟后压榨成圆根或片状即成。圆的称"米粉"，片状的称"切粉"，通称"米粉"，其特点是洁白、细嫩、软滑、爽口。桂林米粉卤水制作讲究，工艺各家有异，大致以猪、牛骨、罗汉果和各式作料熬煮而成，香味浓郁。卤水的用料和做法不同，米粉的风味也不同。桂林米粉种类多样，除卤菜粉之外，还有马肉粉、原汤粉、三鲜粉、生菜粉、牛腩粉、白果老鸭粉、酸辣粉、猪脚粉、担子米粉等数十个品种。作料主要为酸豆角、酸笋、酸萝卜、辣椒、葱花、海带、酸芥菜等。桂林米粉还具有便捷、省时的特点，出餐率高，从切肉到添加卤水，再到把粉递到顾客手上，一碗粉的出品时间约为 15 秒。

桂林米粉承载着千百年的桂林饮食文化。相传，2 000 多年前秦始皇发兵统一岭南时，在兴安修筑灵渠，北方将士水土不服，吃不惯南方的大米饭，粮食从北方转运又困难重重，所以试着将大米磨成粉或浆，再经加工就成了后来的米粉。桂林米粉的品牌形成并兴盛于清末至民国时期的老桂林城，从那之后，米粉也成为桂林最主流的食品之一。在一些文学作品中，也能看到桂林米粉的"身影"。白先勇的小说《花桥荣记》和《玉卿嫂》中，生动地描写了桂林的荣记米粉店和哈盛强马肉米粉店。梁羽生的《广陵剑》中也有详细描写桂林马肉米粉的段落。2010 年，桂林米粉制作技艺入选第三批自治区级非遗代表性项目名录；2021 年，入选第五批国家级非物质文化遗产代表性项目名录。

"桂林桂林，桂树成林。"桂林是桂花之乡，桂花在桂林已有 2 500 多年的栽培历史。唐代诗人李频《赠桂林友人》写道："君家桂林住，日伐桂枝炊。"可见当时桂林桂树繁茂之景。清代诗人魏源也有"百里榕成海，千年桂作窝"的诗句，其中"窝"为"窝集"，也就是森林的意思。1984 年，桂花被定为桂林的市花，10 多年后，桂花又成为桂林市徽的一部分，取"桂林市处在桂花环抱当中"之意。桂林的桂花不仅数量多，种类更是位居国内榜首，有金桂、银桂、丹桂、四季桂 4 个品种群，约 63 个品种，20 多万株。如今，在桂花遍地开的时节，"桂香"已成为与桂林"山清""水秀""洞奇""石美"相媲美的新一绝。桂林作为中国五大桂花产区之一，是中国最大的干桂花产品传统集散地。各种以桂花为原料的产品，如干桂花、桂花糕、桂花茶、桂花酒、桂花蜜、桂花精油等的生产和交易量占到了全国的半壁江山。

此外，桂林有很多名产：沙田柚果大形美，肉质清香，驰名中外；罗汉果乃"医疗保健之良药，清凉饮料之佳品"，被誉为"东方神果"；白果产量大，占全国的三分之一，质量居全国之首；月柿色泽金黄，肉甜味香；荔浦芋头个大味香，享誉全国；三花酒、辣椒酱、豆腐乳被誉为"桂林三宝"。

### ? 想一想

1. 广西多民族杂居共处的特点有哪些？
2. 作为历史文化名城的桂林主要有哪些文化特色？
3. 谈谈你对桂林山水景色的感受。
4. 介绍一处你最喜欢的桂林景点。

# 参 考 文 献

[ 1 ] 习近平谈治国理政[M].北京：外文出版社,第一卷至第四卷,2014—2022.

[ 2 ] 本书编写组.中国共产党简史[M].北京：人民出版社,2021.

[ 3 ] 本书编写组.中华人民共和国简史[M].北京：人民出版社,2021.

[ 4 ] 本书编写组.改革开放简史[M].北京：人民出版社,2021.

[ 5 ] 本书编写组.社会主义发展简史[M].北京：人民出版社,2021.

[ 6 ] 当代中国研究所.中华人民共和国简史[M].北京：当代中国出版社,2019.

[ 7 ] 程爱民.中国概况[M].上海：上海外语教育出版社,2018.

[ 8 ] 张帆.中国古代简史[M].北京：北京大学出版社,2001.

[ 9 ] 王恺.中国历史常识[M].北京：高等教育出版社,2007.

[10] 吴晗.中国历史常识[M].北京：新世界出版社,2017.

[11] 郭大钧.中国当代史[M].4 版.北京：北京师范大学出版社,2016.

[12] 杨德山,赵淑梅.中国共产党与当代中国[M].北京：五洲传播出版社,2014.

[13] 宁继鸣.中国概况[M].济南：山东教育出版社,2009.

[14] 祁述裕.中国概况[M].北京：国家行政学院出版社,2013.

[15] 朱栋霖,朱晓进,龙泉明.中国现代文学史 1917—2000[M].北京：北京大学出版社,2007.

[16] 何平.汉语语音教程：基础篇[M].北京：北京大学出版社,2006.

[17] 朱仁夫.中国古代书法史[M].北京：北京大学出版社,1992.

[18] 俞剑华.中国绘画史[M].南京：东南大学出版社,2009.

[19] 吴敬琏.计划经济还是市场经济[M].北京：中国经济出版社.1993.

[20] 谢普.充满智慧的中国科技[M].沈阳：辽海出版社,2011.

[21] 高鹏翔.中医学[M].8 版.北京：人民卫生出版社,2013.

[22] 刘秉果.插图本中国体育史[M].上海：上海古籍出版社,2003.

[23] 楼庆西.中国园林[M].2 版.北京：五洲传播出版社,2010.

[24] 于海广.中国的非物质文化遗产[M].济南：山东画报出版社,2011.

[25] 严敬群.中国节日传统文化读本[M].北京：东方出版社,2009.

［26］胡自山.中国饮食文化［M］.北京：时事出版社,2006.

［27］彭泽润,李葆嘉.语言理论［M］.3 版.长沙：中南大学出版社,2003.

［28］王顺洪.中国概况［M］.4 版.北京：北京大学出版社,2015.

［29］中华人民共和国教育部.中国语言文字概况（2021 年版）.http://www.moe.gov.cn/jyb_sjzl/wenzi/
202108/t20210827_554992.html,2024.8.25.